菩提道次第修法筆記

目錄

菩提道次第修法筆記　序

信解行證，爲學佛不易之次第，顧吾國解行分展，已數百年於茲。民國十二、三年間，大勇法師新自日本高野山，受阿闍黎位歸國，偶遊北京雍和宮，嘆曰：「西藏佛法，何其偉也！」於是有入藏學法之志，余請曰：「師一人往，何如多人往？」師然之，遂設藏文學院於慈因寺，半年以後因教習乏人，師乃領諸生由川行。至甘孜，遣使上達賴喇嘛書，請入境，被拒。蓋清之末季，朝廷對達賴喇嘛無禮，又駐藏川兵橫行，致失藏民之心。茲忽有數十僧人來學，爲往昔所未有事，遂疑其有他而拒之也。勇師不得已，與諸生各就當地大德學。余嘗詢所習，師即囑法尊師譯〈浪忍科判〉答之。「浪忍」者，藏語「菩提道」也。明年，又以〈菩提道次第直講〉稿見遺，余皆先後印布，是爲內地得見菩提道次第論之始。竊嘆國人好高成性，致往昔大德不得不以圓頓之教逗之，今以歷久無功，漸自知返，而菩提道次第，乃應運而現，時節因緣，豈偶然哉。是論雖括如來一代時教，而其主旨在於行證，固與但別部類，或獨揚己宗者，不可同日而語。故於其論，有研究修法之必要焉。華北居士林基本林友朱楊壽梅居士，以聽觀空法師所講之〈菩提道次第修法筆記〉見示，曰：「願以一言弁其首。」余自中日事變以來，蟄居五臺山者三年，偶爾言歸，見林中同願，多研習菩提道次第，私心竊喜曰：「佛法其將興矣！」欲陳所慰，無暇搦管，乃於返山途中，追憶前事，併書以歸之。

五臺山行者妙觀 識

民國二十八年重陽後三日，於大同車中。

弁言

夫皈依爲入佛道之門，發菩提心爲習大乘之本，而菩提道次第實爲成佛之軌轍也。余自民國二十年始入華北居士林爲林友，入林首先必遵三條件：一、發菩提心，二、受菩薩戒，三、念佛修極樂淨土。如是年復一年，雖嘗發心、受戒、念佛，但自問菩提心是否已生起？是否念念相續？實尚渺茫。每叩長老詢學佛之道，輒曰：「最要發心，必須發阿耨多羅三藐三菩提心。」然而如何令此菩提心油然發生？發心之後，當知修行。然而三乘五藏，何擇？何從？自發心以至成佛，三無數劫，爲時甚長，自顧壽命短促，業障深重，如何懺悔，而速成就？徘徊傍徨，不得要領。迨夫民國二十四年冬季，本林林長胡子笏老居士，敦請顯密兼修大德，能海法師，講授菩提道次第，於是始恍然皈依發心之重要主旨，始了知修行成佛之菩提大道，不啻欲旅行而苦於不諳路程者，忽獲得其路線地圖，心大歡喜。去歲又欣逢西藏活佛安欽上師駐驛北京，傳授密乘大法，余隨諸大居士之後，親受上師法雨，上師每有開示，諄諄以發菩提心爲囑，又曰：「凡未發菩提心者，不得受大乘密法。」但上師慈悲攝受衆生，見衆既來求法，故爾再三懇切咐囑曰：「汝等既欲習大乘法，必須受皈依發菩提心，若無菩提心，雖受大灌頂法，終無成就云云。」足徵菩提心之必須速發，而菩提道次第之不容緩修矣！是年冬月，本林同願，遂請觀空法師講述菩提道次第修法，以便觀行，余以此修法之不可忽略，因就法師所講，筆而錄之，唯法師講述利速，余耳鈍手遲，所記不無遺漏錯誤之處，今爲供諸同修參考起見，勉強付印，尚希高見指正爲幸。

民國二十八年九月十九日
朱楊壽梅謹識於華北居士林

菩提道次第修法

善慧持教增廣大師 造・法尊法師 中譯

菩提道次第修法

善慧持教增廣大師 造
法尊法師 譯

頂禮恩師慈悲攝受

菩提道次第前導六加行法之儀軌中分二。

一、正修時如何修法。分三：㈠、加行。㈡、正行。㈢、結行。

二、未修中間如何修法。

前加行法有六：

一、淨掃住室供設身語意像。

二、以無諂曲而尋供養，端嚴陳設。

三、身具八法坐安樂座，或隨宜威儀。既安住已，善觀自心，從殊勝善心中，修皈依發心四無量心，決定令與相續和合。

四、明想福田。

五、總攝集淨宗要，修七支及供曼陀羅。
六、如教授祈禱，決定令與相續和合。

今初

先想自他一切有情相續之中，貪等煩惱，如諸灰塵，灑以世俗菩提心水，令其潤濕，遂善灑紅花所泡香水。又想自他一切有情相續之中，二障習氣，一切垢穢，以勝義菩提心帚，而爲掃除。

誦：

掃塵，除垢。（誦七遍）

又誦：

一切有情之一切罪障，阿跋那耶娑訶。一切病，一切祟，一切災，一切怨，一切穢，一切差鬼，一切疫鬼，一切惡相，一切惡兆，一切不吉祥，一切侵擾，一切橫死，一切宿曜忌，一切王賊難，一切摩羅索，一切閻羅使，一切礙神毗奈耶迦，一切留難違緣阿跋那耶娑訶，掃除令淨。

次加持地基等。誦：

諸佛大悲加持力，　性淨法界諦實力，

我淨意樂勝解力，　合聚莊嚴最希有。

想所住室一切地基衆寶爲性，變成圓滿清淨剎土。即於如是清淨室中，高廣妙座，供設身語意像，次第無亂，端列殊妙。

第一、供設身語意像。

第二、以無諂曲而尋供養，端嚴陳設。

誦供養陀羅尼咒三遍

嗡。那摩跋迦、嚩得、班嗲拉娑惹、扎摩打納、達他加達耶、阿惹哈得、三姆捏三補打耶、得耶他。嗡。班則班則、摩訶班則、摩訶得匝班則、摩訶毗耶班則、摩訶薄底集達班則、摩訶薄底門瑙巴、三扎摩娜班則、薩嚩迦摩、阿嚩惹娜、毗穴答拉班則娑訶。

仗承三寶諦實，一切諸佛菩薩加持，圓滿二種資糧大勢，及法界清淨不可思議力故，願成如是。

第三、身具八法坐安樂座或隨宜威儀，既安住已，善觀自心從殊勝善心中，修皈依發心，四無量心決定令與相續和合。

身具毗盧七法坐安樂座，善觀自身。諸惡分別，狀如黑光，從右鼻孔與息俱出，想諸佛菩薩之加持，狀如白光，自左鼻孔與息俱入，加持相續，三返調息等。憶我今一次得暇滿時，於生死處不應貪著，此諸慈母一切有情於生死中，三苦逼惱，爲度令速出生死獄故，決定當得正等覺位。（令此殊勝善心明了）

次明想皈依境

前普賢供雲海中，八大獅子善擎持，
衆寶所成廣座上，略後光然摩尼座，
雜色蓮花月日上，本師釋迦牟尼相。
色如純金頂嚴髻，右手按地左定印，

上持甘露充滿鉢，兩足金剛跏趺坐，
披三法衣紅花色，相好圓明莊嚴身，
能使觀者不知足。
光照十方超勝日，具足六十妙音支，
和美語言聞無厭。
深廣心意智悲藏，邊底俱超於測量，
離諸惡垢圓妙德，略念能除二衰惱。
心間金剛持及妃，受用空樂多寶嚴，
善著天衣心藍吽，三種薩埵爲本體。
左右蓮花日月座，盡傳承師敷陳設，
右邊座上有慈尊，廣行傳承諸師繞，
左邊座上妙音尊，深觀傳承諸師繞。

能仁前面寶座上，根本師長朝時相，
親受法益諸師長，坐蓮日月而圍繞。
能仁背後略高處，獅座蓮月日輪上，
勝百部主金剛持，加持傳承諸勝師，
三藏灌頂講教授，無量傳承諸尊長，
坐蓮日月而圍繞。
能仁主伴四方外，密畏樂喜及時輪，
徧照毗盧遮那佛，建三昧耶四大部，
本尊天衆外報化，諸佛菩薩及二乘，
勇識空行護法衆，無量靜怒各安住。
彼等之前微妙座，上有各說眞正法，
光明自性經函相，歸境充滿虛空界。

彼諸離過功德聚，以大悲眼注視自，
猶如慈母於愛子，呼善男子生死苦，
特三惡趣諸怖畏，若欲解脫我來救，
以歡喜狀而安慰。

修皈依因：

眷屬六道諸衆生，自他皆畏苦逼切，
仰請師長及三寶，從彼救護作援助。

正皈依中共皈依：

歸依尊長！（歸依尊長句誦七遍後全文誦一遍）
由祈禱故，從尊長能仁大金剛持，及其周圍親受疏傳諸師
身中，流注五色甘露，俱諸光明，體是諸師身語意功德事

業之加持，灌入自他一切有情身心。從無始集一切罪障，特如捶恩師身，故違師語，擾亂師意，不信輕毀，佔用師物等，總依一切罪障，相如煙汁炭水，一切疾病，猶如膿血大小便相，一切魔難，如蛛、蝎、魚、蝌、蛙、蛇等，相繼從根門及一切毛孔向外溢出。金剛地下，有死主閻羅，狀如紅牛，張口獠牙，欲噉自他一切有情之壽命。流入彼口，飽滿下視，終無再起。一切地基成金剛性，自身澄淨，光明爲體，一切福壽教證功德，皆爲增廣。尤其諸師身語意密一切加持，流入自他一切有情之身心，故自他一切有情，皆入師長皈依之下。

皈依佛！（誦七遍）

由祈禱故，從尊長能仁大金剛持，及其周圍密樂畏三，歡喜、時輪、遍照、毗盧、能仁建三三昧耶等，四部諸尊，賢劫千佛，三十五佛，過去七佛等，諸佛寶身中，流注五色甘露，俱諸光明。體是諸佛身語意功德事業之加持，灌入自他一切有情身心。從無始集一切罪障，特如惡心出佛身血，於像毀訾善惡，質當抵押販賣佛像，惡心折塔，違背佛語，造此等業，總凡依佛一切罪障。相如煙汁炭水，一切疾病，猶如膿血大小便相，一切魔難，如蛛、蝎、魚、蝌、蛙、蛇等，相繼從根門及一切毛孔向外溢出。金剛地下，有死主閻羅，狀如紅牛，張口獠牙，欲噉自他一切有情之壽命。流入彼口，飽滿下視，終無再起。一切地基成金剛性，自身澄淨，光明爲體，一切福壽教證功德，皆爲增廣。尤其佛寶一切加持，流入自他一切有情之身心，故自他一切有情皆入佛寶皈依之下。（如前法觀想，但由一切佛身放光降甘露：：。）

皈依法！（誦七遍）

由祈禱故，從諸尊前法經函中，流注五色甘露，俱諸光明，體是斷證功德，灌入自他一切有情身心。從無始集一切罪障，特如誹謗正法，販經爲貨，賣經而食，置經露地，質當、不敬，放跨越處，與鞋並持，譏議法師有無辯才等，總凡依法一切罪障。相如煙汁炭水，一切疾病，猶如膿血大小便相，一切魔難，如蛛、蝎、魚、蝌、蛙、蛇等，相繼從根門及一切毛孔向外溢出。金剛地下，有死主閻羅，狀如紅牛，張口獠牙，欲噉自他一切有情之壽命。流入彼口，飽滿下視，終無再起。一切地基成金剛性，自身澄淨，光明爲體，一切福壽教證功德，皆爲增廣。尤其法寶一切加持流入自他一切有情之身心，故自他一切有情皆入法寶皈依之下。（如前法觀想，但由一切佛身放光降甘露：：：：。）

歸依僧！（誦七遍）

由祈禱故，從諸菩薩、獨覺、聲聞、勇識、空行、護法神等，一切僧寶身中，流注五色甘露，俱諸光明，體是悲智力三學等功德，灌入自他一切有情身心。從無始集一切罪障，特如毀謗聖僧，破壞僧伽，奪僧財物，分別黨類，不信邪見及缺時供，未酬謝等，總凡依僧一切罪障。相如煙汁炭水，一切疾病，猶如膿血大小便相，一切魔難，如蛛、蝎、魚、蝌、蛙、蛇等，相繼從根門及一切毛孔向外溢出。金剛地下，有死主閻羅，狀如紅牛，張口獠牙，欲噉自他一切有情之壽命。流入彼口，飽滿下視，終無再起。一切地基成金剛性，自身澄淨，光明爲體，一切福壽教證功德，皆爲增廣。尤其僧寶一切加持，流入自他一切有情之身心。故自他一切有情，皆入僧寶皈依之下。

廣如上修。次明略修：

皈依師至皈依僧。（誦七遍。其降甘露、淨罪等廣如下而修。）

次不共皈依：（共皈依者小士中士之皈依，不共皈依者，大士之皈依也。）

諸佛正法衆中尊，直至菩提我皈依！（誦三遍）

由祈禱故，從一切皈依境身中，流注五色甘露，俱諸光明，灌入自他一切有情身心。從無始集一切罪障，特由皈依三寶違越皈依學處等，總凡依止三寶一切罪障。相如煙汁炭水，一切疾病，猶如膿血大小便相，一切魔難，如蛛、蝎、魚、蝌、蛙、蛇等，相繼從根門及一切毛孔向外溢出。金剛地下，有死主閻羅，狀如紅牛，張口獠牙，欲噉自他一切有情之壽命。流入彼口，飽滿下視，終無再起。一切地基成金剛性，自身澄淨，光明爲體，一切福壽教證功德，皆爲增廣。尤其三寶一切加持，流入一切有情之身心，故自他一切有情皆入三寶皈依之下。

次發心：

我修施等諸資糧，　　爲利衆生願成佛。（誦三遍）

爲利諸母一切有情，速當證得正等覺位，故從現在乃至菩提，受佛子戒，學廣大行，爲利衆生願成佛心，乃至成佛，願當受持。

於此中間若修以發心果爲道之法，極爲切要。修彼之法：

如是猛修發心力，能仁歡喜分化身。

入自淨治諸罪障，自成能仁金剛持，

自身放光照十方，量等虛空有情數，

一一光端極分放，無數能仁金剛持。

淨盡空量諸有情，二種世間皆清淨，

成如是已修歡喜，隨能安住彼定中。

觀想對面資糧田中，能仁釋迦心間化出一分身釋迦佛，先止於自己面前，與眉間齊，化光由自眉間入身，淨治罪障，於自身心由加持故。自成能仁金剛持，自身即時放光徧照十方，光量等虛空有情數，一一光端極分放出無數能仁金剛持，一一金剛持加持淨治一一有情及器土之罪障垢穢，如是令所有情世界有情數皆成佛，令所有器世界器界皆成淨土，如是觀想時，略略入定。

誦已隨能而定。次修四無量心：

我與父母六道衆，無始流此三界中，
恒受三苦所逼惱，總由無福未懺罪，
別由心隨煩惱轉，貪著自黨瞋他類，
由貪瞋力而受苦。今我及母諸有情，
云何能得離貪瞋，恒時安住四無量？
惟願安住我令住，惟願加持能如是。（隨誦而想。次誦：）

一切有情云何能離親疏、貪瞋，安住於捨？願其安住，我令安住，惟願師長本尊加持，能得如是。

一切有情云何能具樂及樂因？願其具足，我令具足，惟願師長本尊加持能得如是。

一切有情云何能離苦及苦因？願其遠離，我令遠離，惟願師長本尊加持能得如是。

一切有情云何不離善趣解脫最勝安樂？願其不離，我令不離，惟願師長本尊加持，能得如是。（三遍）

由祈禱故，從一切皈依境身中，流注五色甘露，俱諸光明，灌入自他一切有情身心。從無始集一切罪障，特能障礙自他一切有情修四無量一切罪障。相如煙汁炭水，一切疾病，猶如膿血大小便相，一切魔難，如蛛、蝎、魚、蝌、蛙、蛇等，相繼從根門及一切毛孔向外溢出。金剛地下，有死主閻羅，狀如紅牛，張口獠牙，欲噉自他一切有情之壽命。流入彼口，飽滿下視，終無再起。一切地基成金剛性，自身澄淨，光明爲體，一切福壽教證功德，皆爲增廣。尤其皈境一切加持，流入自他一切有情身心，故自他一切有情身中，皆生四無量之殊勝證德。

次發殊勝心：即清淨心（誦七遍或二十一遍）

特爲利益一切有情，　必須速速證得正等覺位，
故當由甚深道尊長，　瑜伽門中修菩提道次第。

第四、明想福田。
以上福田或收攝已，更新觀福田，或不收攝，重想彼福田，令更明顯。
此爲易修故，依於後派，奉請福田。

前空如前觀福田，　身放無量諸光明，
偏無央刹現變化，　作十二事調衆生。

五部自性於五處，頂上嗡白喉阿紅，
心間吽藍臍沙黃，密處哈綠五字嚴。
主尊心中種子字，放紅色光猶如鈎，
從清淨性法身界，請諸智尊入其中。
惟願一切有情依，摧惡魔軍及眷屬，
正知諸法盡無餘，佛及眷屬降臨此。
世尊於多無量劫，哀愍衆生修悲心，
廣大志願皆圓滿，佛欲度生今是時。
故從任運法界宮，現諸神變及加持，
爲度無邊衆生聚，同諸淨眷降臨此。

略修如是。若廣修者，

諸法自在尊，　等同純金色，
威德過於日，　信心而奉請。
寂靜具大悲，　調伏住定地，
智觀法無著，　成就無盡力，
善來寂靜尊，　能仁一切智，
善造諸影像，　供獻而來此，
爲利諸衆生，　與此像共住，
願給壽無病，　自在諸勝事。
嗲、吽、鋑、嚧。

（想諸智尊各入諸三昧耶尊，成一切皈處共集體性。）

此處若修沐浴，能令行者，自修道次第所緣行相，智慧明了，信解堅固，息除穢障病魔損惱。漸於師長能爲沐浴按摩供養，承事侍奉等，極爲殊勝。

奉浴者，先啓白云：

謹請沐浴，於此一切資具浴處，奉請一切世尊、如來、應正等覺、明行圓滿、善逝、世間解、無上士、調御丈夫、天人師、佛薄伽梵。（誦七遍）

次觀浴室：

於此浴室異香馥，水晶爲地極顯耀，
熾然寶柱最可意，眞珠傘蓋具光燄。

浴云：

猶如降誕時，諸天獻沐浴，
我以淨天水，如是浴佛身。

嗡薩爾幹·達塔迦達·阿毗克迦達·薩摩耶·醯爾耶阿吽。

雖佛三密無煩惱，　爲淨有情三業障，
於佛三密供浴水，　願淨有情三業障。
嗡薩爾幹．達塔迦達．阿毗克迦達．薩摩耶．醯爾耶阿吽。
一切佛集身，　金剛持體性，
作三寶根本，　沐浴諸尊長。
嗡薩爾幹．達塔迦達．阿毗克迦達．薩摩耶．醯爾耶阿吽。
俱胝妙善所生身，　滿足無邊衆生語，
如實盡觀所知意，　沐浴能仁金剛持。
嗡薩爾幹．達塔迦達．阿毗克迦達．薩摩耶．醯爾耶阿吽。
沐浴傳承廣大行，　沐浴傳承甚深觀，
沐浴傳承加持修，　沐浴傳承大勢行。
嗡薩爾幹．達塔迦達．阿毗克迦達．薩摩耶．醯爾耶阿吽。

沐浴教授諸尊長，　沐浴傳行諸尊長，

沐浴根本諸尊長，　沐浴親承諸尊長。

嗡薩爾幹．達塔迦達．阿毗克迦達．薩摩耶．醯爾耶阿吽。

沐浴本尊諸天衆，　沐浴報化諸佛陀，

沐浴三乘正法寶，　沐浴大乘諸僧伽。

嗡薩爾幹．達塔迦達．阿毗克迦達．薩摩耶．醯爾耶阿吽。

沐浴小乘諸僧伽，　沐浴勇識空行衆，

沐浴正守諸護法，　沐浴護世四王衆。

嗡薩爾幹．達塔迦達．阿毗克迦達．薩摩耶．醯爾耶阿吽。

略修如是，若欲廣者，可如下文禮敬支時所説而修，拭佛亦隨時宜。

次總浴者：

以諸非一珍寶瓶，　滿蓄悅意妙香水，

俱諸歌音及伎樂， 沐浴如來及佛子。

嗡薩爾斡．達塔迦達．阿毗克迦達．薩摩耶．醯爾耶阿吽。

拭身云：

以諸無等淨香衣， 拭擦諸佛菩薩身。

嗡、吽、嘡、咐、阿、迦耶、娑吠達拏耶娑阿。

供塗香云：

以諸勝妙香， 薰滿三千界，

如摩金放光， 塗諸能仁身。

供衣云：

種種色顯如虹雲， 隨觸何人生安樂，

爲淨我心獻寶衣， 願得忍辱妙衣嚴。

供莊嚴云：

佛具相好性莊嚴，不須諸餘莊嚴飾，
供寶莊嚴願衆生，得諸相好嚴飾身。

供諸寶具云：

悲心輪圍名稱幡，正定寶蓋辯才光，
供此勝緣諸資具，願諸衆生得淨智。
供獻妙寶吉祥瓶，種種香水善充滿，
願淨諸業煩惱垢，菩提心水恒潤澤。
圓滿金光照十方，吉祥威德徧晃耀，
以此眞純寶金冠，供釋迦王爲頂嚴。
願正法寶弘十方，廣大安樂徧世間，

證得人天諸衆生，　頂戴莊嚴十方位。

請久住云：

愍我及衆生，　願佛以神力，

乃至我能供，　世尊住世間。

若時忙促，或修四座，於後數座，亦可置此供浴法。第五、攝集淨扼要，供七支及曼陀羅。初禮拜支，若廣修時：

一切佛集身，　金剛持體性，

作三寶根本，　敬禮諸尊長。

俱胝妙善所生身，　滿足無邊衆生語，

如實淨觀所知意，　敬禮能仁金剛持。

慈氏無著及世親，　解脫勝調名稱軍，

獅賢二善行金洲，　敬禮傳承廣行師。
曼殊龍猛破有無，　月稱及大正理鵑，
善護佛意聖父子，　敬禮傳承深見師。
大悲善逝金剛持，　勝觀得羅拏口熱巴，
勝種比巴阿底峽，　敬禮加持諸尊長。
妙吉祥音無盡慧，　嗢拉打日勇金剛，
菩薩寶祥及金洲，　敬禮傳大勢行師。
講修教授阿底峽，　教授法祖種敦結，
四瑜伽師三昆仲，　敬禮教授諸尊長。
諸佛至尊宗喀巴，　妙吉祥海克主第，
法金剛及菩薩等，　敬禮正行諸師長。（此處可添自己傳承諸師）
皈處總集金剛持，　隨機示現知識相，

能給勝共二成就，敬禮有恩諸師長。
密怖樂喜及時輪，偏照大日建三昧，
四部密法所繫屬，敬禮本尊諸天衆。
略由持號及憶念，能消暴惡諸罪聚，
釋迦能等三五佛，專一恭敬誠意禮。
牟尼王等前七佛，兄弟七佛賢劫千，
阿彌陀佛不動等，敬禮一切正等覺。
摧壞集諦冥闇種，拔除苦諦毒箭根，
佛母慧到彼岸等，敬禮三乘諸正法。
妙音觀音金剛手，地藏菩薩除蓋障，
慈氏普賢虛空藏，敬禮八大近佛子。
彌勒獅子金剛手，及妙音等修大行，

廣度衆生出二邊，　敬禮一切菩薩衆。
智上及光幢，　如是願慧尊，
根寂靜妙音，　我當恭敬禮。
天及非天冠，　敬禮足下蓮，
度一切困難，　我禮度母尊。
善修十二深緣起，　不須依止師教力，
自能證得獨覺智，　敬禮諸聖獨勝尊。
羅漢勝慧諸根調，　善住乃至有正法，
受持增長護聖教，　敬禮羅漢諸尊者。
八大尸林廿四境，　三十七處空界等，
善住無數希有刹，　敬禮勇識空行衆。
速疾依怙及法王，　吉祥天女多聞子，

幔及四面憍醉等，　敬禮聖智護法衆。
能仁十六尊者等，　任往何處利衆生，
隨從護教終無厭，　敬禮護世四王衆。

若有暇時亦應禮拜（念一頌拜一拜），忙則可棄此廣禮。
略者可誦一頌云：

偏觀無央經教目，　善士趣向解脫階，
由悲發動巧開顯，　敬禮此諸善知識。
所有十方世界中，　三世一切人師子，
我以清淨身語意，　一切偏禮盡無餘。
普賢行願威神力，　普現一切如來前，
一身復現刹塵身，　一一偏禮刹塵佛。
於一塵中塵數佛，　各處菩薩衆會中，

無盡法界塵亦然，　深信諸佛皆充滿。
各以一切音聲海，　普出無盡妙言辭，
盡於未來一切劫，　讚佛甚深功德海。

次供養支，若廣修時：

從佛海供所成辦，　剎土海中閼伽海，
於功德海佛眷屬，　以信海供願攝受。

次供五欲塵云：（此五欲指色、聲、香、味、觸。）

寶自在王吠瑠璃，　青等顯色及形色，
變為三色金剛身，（此金剛身指天女）　奉獻師長本尊眼。
無執大種所出生，　離說音韻諸聲聚，（離言說無自性之音韻）
變成三聲金剛身，　奉獻師長本尊耳。

龍腦沈水豆蔻等，　善和所出諸香聚，
變成三香金剛身，　奉獻師長本尊鼻。
資益身體甘露食，　甘酸辛苦淡等味，
變成三味金剛身，　奉獻師長本尊舌。
觸身即能與安樂，　如意衣等諸觸塵，
變成三觸金剛身，　奉獻師長本尊身。
（吠瑠璃者青色寶為寶中王）

次供輪王七寶云：

智者以輪寶，　徧滿此刹土，
能與悉地故，　聰慧每日奉。

次供隨七寶云：

能勝敵險諸利劍，　遮護寒暑寶皮衣，

輕軟離染諸臥具，愛樂遊戲悅意園，
隨欲而臥安樂室，精織妙衣難燒割，
鞋不沈沒無勞倦，以此七種隨從寶，
供師能仁及眷屬，願諸衆生受利樂。

次供八吉祥相：

妙福寶柄所執扶，除煩惱毯白傘蓋，
純瞻部金所成辦，利樂河中所住魚。
吉祥紋彩向右旋，聲揚十方白法螺，
離惡泥垢淨解脫，瓣葉繁盛潔白蓮。
圓滿無盡如意藏，衆寶所成賢善瓶，
壯於觀瞻勝妙畫，悉能成熟吉祥紋。

最勝解脫宮殿頂，　樹立三身尊勝幢，
能召圓滿安樂世，　勝妙金輪千輻輞，
供獻世尊及眷屬，　願大安樂徧世間。

次供八吉祥物：

如理如量諸法影，　無雜明現最勝鏡，
盡除三毒諸煩惱，　心藏牛黃殊妙藥。
猶如月融旋瓶中，　潔白精味妙醍醐，
能摧死事善成就，　長金剛命上茅草。
能感大果聞思修，　轉成菩提毗羅婆，
宣揚名稱至有頂，　微妙法螺向右旋，
世出世間堅動德，　盡能召攝赤黃丹，

勇猛摧碎魔軍衆，　金剛器杖芥子聚。
奉獻世尊及眷屬，　衆生皆享諸吉祥。

又以十方世界，人天未持，諸可意物，而爲供獻。如〈入行論〉說：

爲受最勝寶貴心，　應善供養諸如來，
及正法藏無垢寶，　並諸佛子功德海。
曼陀羅花及蓮花，　及青蓮等香馥花，
穿爲華鬘極悅意，　供養能仁勝供處。
勝香可意氣徧熏，　燒煙成雲亦供佛，
種種飲食諸食物，　及天妙食亦供佛。
又供純金之所造，　端嚴蓮花諸寶燈，
平坦地基妙香塗，　徧布悅意諸散花，

無量宮殿具妙音，懸掛諸寶極熾然。
如是無量虛空嚴，供養大悲自性尊。
微妙傘蓋純金柄，周圍悅意妙莊嚴，
形狀善妙衆樂見，恒常供養諸能仁。
盡其所有諸華果，盡其所有諸妙藥。
又盡世間諸珍寶，及諸悅意清淨水，
衆寶山聚與園林，寂靜可愛諸處所，
樹木莊飾諸華葉，有樹甘果繁壓枝，
天等世間所有香，燒香寶樹如意樹，
未種自然生香稻。又凡堪供諸莊嚴，
海湖池沼飾蓮花，具足鴻雁發妙音，
偏滿無央虛空界。凡諸無主攝持物，

由心取持奉能仁，　最勝士夫及佛子。
諸勝福田具大悲，　爲愍我故受此供，
我因無福最貧乏，　全無餘財堪供養，
故希利他諸依怙，　爲利我故佛受此。
我今決定將自身，　供養諸佛及佛子，
願大菩薩納受我，　恭敬永作佛眷屬。
諸餘供養聚，　伎樂微妙音，
能息有情苦，　供雲常充滿。
一切法寶處，　塔及形像前，
惟願恒無間，　降澍寶花雨。
猶如妙音等，　供養諸佛陀，
如是我供養，　如來及佛子。

我以音聲海，　稱讚功德海，
惟願諸佛前，　定生稱讚雲。

此於忙時亦可捨置。略云：

以諸最勝妙華鬘，　伎樂塗香及傘蓋，
如是最聖莊嚴具，　我以供養諸如來。
最勝衣服最勝香，　末香燒香與燈燭，
一一皆如妙高聚，　我悉供養諸如來。
我以廣大勝解心，　深信一切三世佛。
悉以普賢行願力，　普徧供養諸如來。

懺悔支者，若廣修時，先誦三十五佛懺，後如〈集學論〉文誦云：

成就悲力諸菩薩，　勇士勤行利有情，

彼救有罪無依我，　我終皈依諸菩薩。

次誦總懺及佛尊眾生依等。略則誦云：

我昔所造諸惡業，　皆由無始貪瞋癡，
從身語意之所生，　一切我今皆懺悔。

隨喜支者：

十方一切諸衆生，　二乘有學及無學，
一切如來與菩薩，　所有功德皆隨喜。

請轉法輪支者：

十方所有世間燈，　最初成就菩提者，
我今一切皆勸請，　轉於無上妙法輪。

請住世支：

諸佛若欲示涅槃，我悉至誠而勸請，
惟願久住刹塵劫，利樂一切諸衆生。

迴向支者：

所有禮讚供養佛，請佛住世轉法輪，
隨喜懺悔諸善根，迴向衆生及佛道。

供曼陀羅者：

請供刹界，嗡、班雜普彌阿吽，大自在金剛地基，嗡、班雜惹克阿吽，外鐵圍山所繞中間，須彌山王，東勝神洲、南瞻部洲、西牛賀洲、北俱盧洲，身及勝身、拂與妙拂、諂及勝道行，俱盧與俱盧月、衆寶山，如意樹，滿欲牛，自然稻，輪寶、珠寶、妃寶、臣寶、象寶、馬寶、將軍寶，寶藏瓶，嬉女、鬘女、歌女、舞女、華女、香女、燈女、塗女，日、月，衆寶傘，尊勝幢。

其中人天圓滿富樂，無不具足，以此奉獻根本傳承諸勝恩師。總集三世歸處爲體，有恩本師善慧能仁大金剛持諸天眷屬，爲利衆生，願哀納受，又願受已以大悲心加持自他一切有情。

香塗地基衆花敷，　須彌四洲日月嚴，
觀爲佛土奉獻此，　衆生咸受清淨刹。
自他身語意、　資財三世福、
微妙寶壇輪、　普賢供養聚、

心持供師長、　　本尊及三寶、
惟願哀納受、　　加持自他等。
伊當姑茹、惹那、曼札拉、岡、尼耶達耶彌。

加行內第六加行

第六、如教授請白，與相續合。初約三大義，以猛利欲樂三誦請白：

敬禮皈依師長三寶，願尊加持我內相續，我從不恭敬善知識起，乃至執著二種我相，加持速滅一切倒心。從恭敬善知識起，乃至通達二種眞實，加持速生一切不顛倒心，加持速疾息滅一切內外秘密違緣障礙。

次就道次第啓白中，先啓白廣大行派諸師。

具足吉祥本師寶，安住我頂蓮月座，
由大恩門哀攝受，賜給身語意悉地，
賜給身語意悉地。

無等導師釋迦尊，至尊紹聖無能勝，
佛記聖者無著足，啓白佛及菩薩前，
啓白佛及菩薩前。
世親瞻部頂上嚴，聖解脫軍得中道，
及住信地解脫軍，啓白三開世間眼，
啓白三開世間眼。
住希有處最勝軍，身修深道調伏軍，
廣大行藏偏照師，啓白衆生三親友，
啓白衆生三親友。
弘智度道獅子賢，持佛教授孤薩黎，
悲攝衆生有善師，啓白衆生三商主，
啓白衆生三商主。

護菩提心金洲師，持大轍軌燃燈智，
光顯善道敦巴寶，啓白聖教三棟樑，
啓白聖教三棟樑。

瑜伽自在蘭若師，深定堅固內蘇巴，
持毗尼藏塔瑪巴，啓白邊地三燈炬，
啓白邊地三燈炬。

精勤修習虛空獅，善士加持虛空王，
離世八法獅子賢，啓白佛子賢善足，
啓白佛子賢善足。

菩提心視衆如子，本尊攝受垂加持，
導濁世衆善知識，啓白虛空幢師足，
啓白虛空幢師足。

無緣悲藏觀世音，　無垢智王妙祥音，

雪境智嚴宗喀巴，　啓白善慧名稱足，

啓白善慧名稱足。

此處加自己傳承諸師之讚頌，……最後誦云：

攝歸處師金剛持，　隨機示現知識相，

賜與勝及共悉地，　啓白有恩諸師長。

（可誦一次）

次啓白甚深觀派諸師：

無等導師釋迦王，　總集佛智妙音尊，

觀甚深義龍猛足，　啓白善說三頂嚴，

啓白善說三頂嚴。

月稱光明聖意趣，　大理杜鵑彼長子，

次理杜鵑佛子足，　啟白正理三自在，
啟白正理三自在。
如實觀照深緣起，　持大轍軌燃燈智，
光顯善道敦巴寶，　啟白瞻部二莊嚴，
啟白瞻部二莊嚴。
紹隆佛種博朵瓦，　觀慧無比霞惹瓦，
菩提心主伽喀巴，　啟白三滿眾生願，
啟白三滿眾生願。
教證菩薩笈補巴，　淨教自在勝智者，
三界眾生依怙寶，　啟白最大三上座，
啟白最大三上座。
淨戒香馥桑勤巴，　毗尼億主錯拏瓦，

竟對法海門扎巴，　啓白衆生三導師，
啓白衆生三導師。
獲得甚深廣大法，　具善衆生之所依，
賢善事業弘聖教，　啓白吉祥師長足，
啓白吉祥師長足。
修行自在尸羅然，　正依知識童子光，
勝道淨心傑公足，　啓白如來三佛子，
啓白如來三佛子。
持希德藏佛陀弟，　善士加持虛空王，
離世八法獅子賢，　啓白佛子賢善足，
啓白佛子賢善足。
菩提心視衆如子，　本尊攝受垂加持，

導濁世衆善知識，啓白虛空幢師足，
啓白虛空幢師足。
三學財滿智慧宮，賢善事業利所化，
名光偏照瞻部方，啓白吉祥師長足，
啓白吉祥師長足。
具足吉祥本師寶，安住我頂蓮月座，
由大恩門哀攝受，賜給身語意悉地。
俱胝妙善所生身，滿足無邊衆生語，
如實淨觀所知意，啓白能仁金剛持。
慈氏無著及世親，解脫勝調名稱軍，
獅賢二善行金洲，啓白傳承廣行師。
曼殊龍猛破有無，月稱及大正理鵲，

善護佛意聖父子，啓白傳承深見師。
大悲善逝金剛持，勝觀得羅砮嚩巴，
勝種比巴阿底峽，啓白加持諸尊長。
妙吉祥音無盡慧，嗯拉打日勇金剛，
菩薩寶祥及金洲，啓白傳大勢行師。
講修教授阿底峽，教授法祖種敦結，
四瑜伽師三昆仲，啓白教授諸尊長。
諸佛至尊宗喀巴，妙吉祥海克主第，
法金剛及菩薩等，啓白正行諸師長。（加傳承諸師）

次誦云：

攝爲歸處金剛持，隨機示現知識相，

賜與勝及共悉地，　啓白有恩諸師長。

次就總加持門啓白：（總加持自依止善知識起至止觀雙運止之加持）

諸功德本爲如理，　依止恩師是道基，
善了知識多策勵，　恭敬親近祈加持。
一次得此暇滿身，　知極難得具大義，
徧諸晝夜恒無間，　生取堅心願加持。
身命動搖如水泡，　速疾壞滅當念死，
死後如影隨於形，　黑白業果恒隨逐，
獲定解已於罪聚，　雖諸小罪亦應除，
勤修一切妙善聚，　常不放逸祈加持。
受用無飽衆苦門，　不可保信三有樂，

見過患已當希求，解脫妙樂願加持。
清淨意樂所引發，正念正知不放逸，
聖教根本別解脫，修爲堅實祈加持。
如自沈沒三有海，慈母衆生悉如是，
見已荷度衆生擔，修菩提心願加持。
發心若不學三戒，當知定不證菩提，
故應勤發大精進，學菩薩戒祈加持。
散馳邪境令寂滅，如理觀察眞實義，
寂止妙觀雙運道，速當生起願加持。
善修共道成法器，乘中最勝金剛乘，
諸善丈夫勝道階，願速趣入祈加持。

若於此中間受四灌頂加持，廣則先受五部律儀。正受灌頂者：

總攝一切皈依處，總諸福田特能仁，
心中徧主金剛持，從頂嗡字注甘露，
淨滌身障修生次，安立能成化身果，
從喉阿字流甘露，淨滌語障修幻身，
安立能成報身果，心吽字光流甘露，
淨滌意障修光明，安立能成法身果，
復從五處降甘露，淨三業障修雙運，
安立能證金剛持，應想已得四灌頂。
爾時二種成就本，謂護淨律三昧耶，
願獲眞實決定解，捨命守護祈加持。
次正通達續部心，二次宗要善勤習，
四座瑜伽不散漫，如師教修願加持。

願說如是妙道師，　及正修伴堅固住，
內外一切諸障礙，　速疾息滅祈加持。
願一切生不捨離，　善師受用正法樂，
圓滿地道諸功德，　速證勝位金剛持。

次收福田誦：

廣大白淨福田尊，　能仁心吽放光明，
照耀無央忿靜衆，　從外漸入諸師長。
廣大行派入慈尊，　甚深觀派入妙音，
親得法緣入本師，　加持派入金剛持。

暫於五尊觀令明顯。

二子化光入正尊，　具足三恩根本師，

由前融入能仁心，金剛持尊從頂降，
安住心中智薩埵，諸座入佛座蓮月，
總攝歸處佛大日，想自現見具善根。

想自即是親見師長善慧能仁金剛持具善根之士夫，發大歡喜。

次佛喜入頂上師，獅子蓮月日輪座，
上有能仁金剛持，安住三種薩埵體。

復於頂上師長善慧能仁金剛持，以猛利信敬，略供七支及曼陀羅，專懇啓白：

俱胝妙善所生身，滿無量衆希願語，
如實盡觀所知意，敬禮能仁金剛持。
盡奉實設意化供，無始造罪皆懺悔，

隨喜凡聖所修善，　生死末空善安住，
爲諸衆生轉法輪，　自他善迴大菩提。
四洲須彌日月寶，　寶壇普賢供養聚，
供攝歸處師本尊，　哀愍納受垂加持。
啓白四身爲體性，　師尊能仁金剛持。
啓白離障法身體，　師尊能仁金剛持。
啓白大樂報身體，　師尊能仁金剛持。
啓白種種化身體，　師尊能仁金剛持。
啓白總攝諸師長，　師尊能仁金剛持。
啓白總攝諸本尊，　師尊能仁金剛持。
啓白總攝諸佛陀，　師尊能仁金剛持。
啓白總攝諸正法，　師尊能仁金剛持。

啓白總攝諸僧伽，　師尊能仁金剛持。
啓白總攝諸空行，　師尊能仁金剛持。
啓白總攝諸護法，　師尊能仁金剛持。

特當三誦下二句：

啓白總攝諸歸處，　師尊能仁金剛持。

次啓白云：

此下啓白分三：上段懺悔、中段生功德、末段請加持生起諸功德。

我與慈母一切有情，生生死死，長夜領受種種猛利大苦，皆由意樂加行，未能如理親近諸善知識，未思暇滿義大難得，發生堅固取心要意，未思死沒無常，未怖諸惡趣苦，至心皈依三寶，未能深信業果，於黑白業如理取捨。

未知生死皆是苦性，發生猛利欲解脫心，未能發生解脫心已，如理學習三學之道。共中士道

又於一切有情，未能遠離親、疏、貪、瞋，住等捨心，發起知母、念恩、報恩、慈悲、增上意樂、菩提心寶，如理修學大菩薩行之所招致。共上士道

今我及慈母一切有情，意樂加行，願能如理依善知識，思惟暇滿大義難得，發生堅固欲取心要之意樂，念死無常，怖畏惡趣苦，皈依三寶，深信業果，止惡修善，如理修學。共下士道

了知生死皆是苦性，　發生猛利欲解脫心，
發起欲求解脫心已，　於三學道如理修學。共中士道

又於一切有情遠離親疏貪瞋，生等捨心，知母、念恩、報

恩、慈悲、增上意樂、菩提心寶，如理學習大菩薩行，惟願師長本尊加持。

共上士道

由啓白故，頂上師長本尊身中，流出五色甘露，俱諸光明，灌入自他一切有情之身心。無始所集一切罪障，特由意樂加行，如理依止善知識等，於相續中，能障生起菩提道次，一切證得所有罪障、疾病魔礙、悉皆清淨，其身明淨，光明爲體，福壽教證一切功德，皆悉增廣。特以意樂加行，如理依止善知識等，菩提道次一切證德，於自他一切有情之身皆得生起。（此段爲求加持以前諸功德）

第二、正行。廣如樂道、速道所說，圓滿具修道次所緣。今爲科不空虛，於一切道略爲熏修。（樂道及速道二中經論之名）

妙樂根本謂善士，　如理依止生利樂，

不爾即斷善聚本，如理依師願加持。（一頌）

當知善師即眞佛，斷除分別師過心，

願見一切功德品，及無量恩祈加持。（二頌）

由猛信敬善意樂，行供身命一切財，

特以如教奉行供，專令歡喜願加持。（三頌）

離難內外順緣滿，堪生戒律至雙運，

以後難得故此身，取淨心要祈加持。（四頌）

死沒怨敵決定至，彼復今日亦可來，

故棄現樂修臨終，定利正法願加持。（五頌）

無始所集諸惡業，死後無主生惡趣，

當念領受寒熱等，難忍大苦祈加持。（六頌）

救大怖畏無餘依，無欺三寶勝歸處，

至心歸後當修學，粗細學處願加持。（七頌）
黑白業受苦樂果，故當斷惡勤修善，
特依四力治無始，所集衆惡祈加持。（八頌）
勵力勤修善趣因，雖能一得善趣位，
然亦未越自性苦，當厭生死願加持。（九頌）
無主逼迫三有者，謂惑及業然諸業，
依惑乃生於惑怨，勤修對治祈加持。（十頌）
若離惑業於生死，結生相續大繫縛，
當生欲受無漏樂，猛解脫心願加持。（十一頌）
爲脫三有修三學，尤於德依出家戒，
願一切生勤護持，猶如眼目勤加持。（十二頌）

乙共中士道修法分四

乙一、思惟苦諦（生死過患）（觀九頌）

乙二、思惟集諦（流轉生死次第）（觀十頌）

乙三、思惟滅道（生起希求解脫心）（觀十一頌）

乙四、思惟道諦（戒定慧三學修法）（觀十二頌）

勤修雖能得解脫，尚未能滿自利樂，
故當趣勝大乘道，雙滿二利願加持。（十三頌）
現雖分別親怨中，然諸親怨實無定，
故莫分黨趣貪瞋，悉住等捨祈加持。（十四頌）
無始漂流生死中，故受胎生亦無始，
當知有情皆是母，生知母心願加持。（十五頌）
凡爲母時如現母，最極愛惜善養護，
一切皆養恩難保，生念恩心祈加持。（十六頌）
如是俱念及正知，故意捨棄罪更惡，

報恩故當令離苦，安立勝樂願加持。（十七頌）

有恩諸母乏安樂，施與身命財善樂，

願諸有情皆具足，圓滿安樂祈加持。（十八頌）

慈母衆生遭苦逼，所受一切苦因果，

我當盡取願彼等，悉離憂苦願加持。（十九頌）

我當定令諸衆生，成就圓滿無漏樂，

永斷一切極重苦，速能如是祈加持。（二十頌）

任運能滿自他利，除正等覺更無餘，

爲利一切有情故，速證佛位願加持。（二一頌）

自他均不忻痛苦，同求安樂願了知，

如是求樂他亦然，自他平等祈加持。（二二頌）

愛著自樂爲苦因，愛他是諸圓滿本，

劣勝差別由彼分，故自他換願加持。（二三頌）

將自善樂諸因果，與他感苦諸因果，

以乘風息取捨教，修菩提心祈加持。（二四頌）

爲令發心增不退，憶念勝利六次發，

斷四黑法策勤修，四種白法願加持。（二五頌）

如是利他所立誓，爲令立誓速圓滿，

受行心戒當勤學，諸廣大行祈加持。（二六頌）

如諸衆生各所欲，身財三世諸善根，

變化修施令增長，廣大施心願加持。（二七頌）

別解脫等止惡戒，雖至命難不犯毀，

羞作微細性遮罪，常不放逸祈加持。（二八頌）

人及非人大種害，無邊憂苦之所逼，

觀爲業果無忿怨，安然忍受願加持。（二九頌）

爲利他故修菩提，無量難行經劫海，

願披無怯無疲勞，大精進甲祈加持。（三十頌）

穩固念知遮沈等，專注一緣引輕安，

身心於諸善境界，如願而住願加持。（三一頌）

善見諸法眞實性，以妙觀慧思擇力，

引發輕安所攝持，生甚深觀祈加持。（三二頌）

由施攝受諸有情，以法愛語令善行，

自亦與彼同事修，四攝利他願加持。（三三頌）

如是共道修身心，成法器後從善師，

受四灌頂入大密，無上大乘祈加持。（三四頌）

爾時所受諸戒律，若護易得諸成就，

不護定墮地獄燒，愛護如命願加持。（三五頌）
淨凡死有中有生，能於道果二位中，
速辦法報化三身，生初次第願加持。（三六頌）
業風悉入心無壞，現證幻身及光明，
并雙運道第二次，圓滿諸行願加持。（三七頌）
如虹澄淨金剛身，離障俱生空樂意，
合和雙運金剛持，願速證得祈加持。（三八頌）

菩提道次第修法立表如左

- 菩提道次第前導六加行分二
  - 一、正修時如何修法分三
    - 一、加行
    - 二、正行
    - 三、結行
  - 二、未修中間如何修法
- 二、正行依善知識法分三
  - 一、如理依止法
  - 二、意樂依止法
  - 三、加行依止法

依善知識以後如何修法次第分二
- 一、於暇滿行勸取心要
- 二、心要如何取法分三
  - 甲、共下士道修法(分四)
  - 乙、共中士道修法(分四)
  - 丙、上士道修法(分二)

甲、共下士道修法分四
- 乙一、思維無常
- 乙二、思維惡趣苦
- 乙三、皈依三寶
- 乙四、於業果生決定信心

乙、共中士道修法分四
- 丙一、思維苦諦
- 丙二、思維集諦
- 丙三、生起希求解脫心、滅諦
- 丙四、三學修法、道諦

丙、上士道修法分二
- 丁一、須入大乘之理趣
- 丁二、發菩提心之規則分三
  - 戊一、菩提心之修法分二
  - 戊二、受願菩提心之儀軌
  - 戊三、菩薩行之修法分二

戊一、菩提心修法分二
- 己一、由因果七教授門修法分二
  - 庚一、利他心之修法分二
  - 庚二、希求菩提心之修法
- 己二、由自他互換門法分三
  - 庚一、自他平等之修法
  - 庚二、自他互換之修法
  - 庚三、修取捨法

- 庚一、利他心之修法分二
  - 辛一、成立發心之基礎分二
    - 壬一、於一切有情修等攝
    - 壬二、於一切有情修悅意慈分三
      - 癸一、知母
      - 癸二、念恩
      - 癸三、報恩
  - 辛二、正生彼菩提心分三
    - 壬一、修慈心
    - 壬二、修悲心
    - 壬三、修增上意樂
- 戊三、菩薩行之修法分二
  - 己一、總修大乘法分二
    - 庚一、受行菩提心法
    - 庚二、受已修學法分二
  - 己二、別修金剛乘法分四
- 庚二、受已修學法分二
  - 辛一、成熟自相續之六度修法分六
    - 壬一、布施修法
    - 壬二、淨戒修法
    - 壬三、安忍修法
    - 壬四、精進修法
    - 壬五、靜慮修法
    - 壬六、慧度修法
  - 辛二、成熟他相續修四攝法
    - 壬一、布施
    - 壬二、利行
    - 壬三、愛語
    - 壬四、同事
- 己二、別修金剛乘法分四
  - 庚一、修成深器道器之法
  - 庚二、淨三昧耶律儀法
  - 庚三、二次第之修法分二
    - 辛一、生起次第之修法
    - 辛二、圓滿次第之修法
  - 庚四、發願證果

第三結行

信解頂上師長本尊，爲一切歸處之共體。多返白云：

頂禮供養皈依，總攝三世歸處爲體，

有恩本師，善慧能仁大金剛持。（至少誦三次）

次觀想云：

能仁歡喜化二身，入自自身成能仁，

心月輪上白阿字，黃吽莊嚴咒圍繞，

放光淨諸情器世，成清淨刹及能仁，

當緣自他一切身，心間種子誦諸咒。

先誦師長名號咒，次誦：

嗡阿．姑茹．班雜．答惹．蘇嘛底．歌爾底．悉地吽吽。

宗喀巴咒誦二十一遍

嗡牟尼．牟尼．磨訶牟那耶．娑哈。

釋迦牟尼佛咒至少誦二十一遍

嗡阿班雜．答惹吽吽。

金剛持咒誦七遍或二十一遍

以上諸咒隨力多誦。後發願云：

願我承斯善，速成師長佛，
不餘一眾生，盡立師佛地。
久修彼道（菩提道）所積集，二種資糧（福智二資糧）如虛空，
願我成佛度一切，癡盲（無慧目）慧目諸眾生。
未至彼位（佛位）一切生，願妙音尊哀攝受，（此如宗喀巴大師之願）

圓滿教(正法)第(次第)最勝道，得已修習令佛喜，
如自所證道宗要，大悲引動善方便，
除滅衆生意中闇，長久住持如來教。
正法勝寶所未徧，雖徧已滅諸方(佛法)所，
願以大悲動我意，光顯利益安樂藏。
諸佛菩薩微妙業，善成菩提道次第，
賜與諸求解脫者，令佛事業久增長。
爲助善道諸順緣，及除逆緣人(菩提道)非人，
願一切生不捨離，諸佛所讚清淨道。
若時我於最勝乘，如理勤修十法行，
願具力者恒護助，吉祥大海徧十方。

由前所生一切善根，當以猛利欲樂，從普賢行願等門，迴向究竟諸希願

處，後誦云：

從自心間吽字放光，照觸一切有情器界，器化爲光，入諸有情，有情化光，融入自身，自亦化光入心月輪（上下兩頭漸向中化），月入咒鬘，咒鬘入阿，阿字入吽，吽足入哈，哈入哈頭，頭入半月，月入空點，點入那達，那達亦不可得，皆成空性。

略爲安住，

又從空中剎那自成一面二臂吉祥金剛怖身，頂上嗡，喉間阿，心中吽。ཨོཾ 嗡 ཨཱཿ 阿 ཧཱུྃ 吽

第二未修中間所作事者，謂多觀閱開示菩提道次第加行六法之經論，具念正知防護根門（六處六根門），飲食知量，精進修習覺悟瑜伽，於沐浴飲食等瑜伽，皆當勤學。

菩提道次第修法　終

菩提道次第修法筆記

善慧持教增廣大師 造・法尊法師 中譯・觀空法師 講述

菩提道次第修法筆記　卷上

善慧持教增廣大師　造
法尊法師　譯
民國丁丑年冬月觀空法師在華北居士林　講
林友　朱楊壽梅　筆記

【講】〈菩提道次第〉為宗喀巴大師著。〈菩提道次第修法〉，係善慧持教增廣大師造。自依止善知識起，乃至止觀雙運止，謂菩提道次第，所詮教法，不外深見、廣行二派。（自釋迦佛傳至文殊乃至龍樹等為深見派，自釋迦佛傳至彌勒乃至無著等為廣行派。）宗喀巴依據阿底峽〈菩提道炬論〉，而造〈菩提道次第〉。善慧持教增廣依據〈菩提道次第〉，而造此修法。菩提道次第，又有廣略等攝頌，亦有很多很多修法。本修法前導加行有六種修法。菩提道次第首修依止法，即上師瑜伽。若依顯密廣修，須正修上師瑜伽法，次從略修。但修六加行法，首修依止法者，因一切善法，由依止上師出生故。最初依止善知識，得善知識引導，以後逐步去修，直至止觀雙運止，不致誤入歧途。昔阿底峽依其師金洲大師，而發起大菩提心得成就者，對金洲大師最極恭敬而念恩。

菩提道次第釋義

【講】菩提者覺也。覺什麼？覺諸法法性即緣起無自性（無有一法有自性），即了達諸法空無自性，但有緣起。道者行道之道，向菩提道上行，道有聲聞菩提道、緣覺菩提道、無上菩提道。向無上菩提道行，得證無上菩提果。次第者比如行道之步驟，先至某地，後至某地，定有次第，若無次第，即便亂走，或徘徊歧途。有次第則循次第而前進，可速速達到目的地。所謂次第，自依止善知識起，至止觀雙運止，有三大段道。最初依止善知識，皈依發心等為下士道，次修四諦等法為中士道，後修積集二種資糧為上士道，修菩提道次第先有前導六加行法，後再正修菩提道次第。

菩提道六加行，有廣、略、不廣、不略數種，今所講的係稍廣一種，亦名〈修菩提道次第前導六加行法儀軌法如意摩尼鬘論〉，即善慧持教增廣大師所造，大師出生西康六合縣，甚有名大德，修大威德主尊已成就者。

頂禮恩師慈悲攝受

【講】頂禮乃造書者之皈敬恩師，為求師加被，令著書勿為魔障如法成就。此即注重上師瑜伽法，頂禮恩師如同頂禮佛，因師具足三寶功德故，是以皈敬恩師，慈悲攝受，並得加被。

恩師須具足三種資格，密教恩師，一、大灌頂，二、傳經咒，三、傳口訣。顯教恩師，一、授戒，二、傳經，三、傳口訣，若普通為作皈依或講經之法師雖亦是師，不足稱為恩師。

菩提道次第前導六加行法之儀軌中分二。

一、正修時如何修法。分三：㈠、加行。㈡、正行。㈢、結行。

二、未修中間如何修法。

【講】加行，即正行之預備，比如食前預備米糧菜蔬。正行，即正修菩提道次第。結行，即修後收福田等。未修中間，即上座以前，下座以後，對正修有一種幫助，如人平常起、居、飲、食、語、行，皆欲如法，及多聞開示經論，習修既純，上座正修，心境清淨。

前加行法有六：

一、淨掃住室供設身語意像。

二、以無諂曲而尋供養，端嚴陳設。

三、身具八法坐安樂座，或隨宜威儀。既安住已，善觀自心，從殊勝善心中，修皈依發心四無量心，決定令與相續和合。

四、明想福田。

五、總攝集淨宗要，修七支及供曼陀羅。

六、如教授祈禱，決定令與相續和合。

【講】身語意像者。身像，即一切佛像，語，即一切經卷（佛所說法）；意，如釋迦佛手托之鉢、文殊菩薩手持之劍、觀自在手中數珠等。又如塔（塔係共相）。無諂曲者，非邪命所得乃自應分所得而作供養。身具八法者，即毘盧佛八法。註解詳後。隨宜威儀者，不能雙跏趺坐可方便自在坐，總之適己所宜。善觀自心者，最初要觀察自心，或善？或惡？若為自求福報等自利心故而修法者，即係不清淨心，若為度眾生故而修法者，即係清淨心，最初發心，要發大菩提心，因發心為入道之根本故。比如樹根，根是毒根，枝葉必毒，根是藥根，枝葉亦是藥也。令與相續和合者，口與心念和合，比如：誦皈依時，須了知皈依因。所謂皈依因者有二：

一、觀想對三惡趣生怖畏相、出離相。

二、信仰三寶能為我作救護。

誦發心四無量心時，想一切眾生皆沈溺苦境，我為度眾生，代眾生受苦故修法，將功德迴向與眾生。所謂四無量心即慈、悲、喜、捨，一一如法觀想。又如修依止善知識，即想善知識種種德行，誦皈依上師，想上師之功德大恩，無論修何法門，心即注念何門之境。所謂相續，即身口心相續，亦稱三密相應是也。明想福田者，觀想對面曼達拉，亦稱資糧田，其意比如下種子于田，下何種子，得收何果，對三寶禮拜恭敬供養，能生功德，生福資故。總攝集淨者，集即積集資糧，淨即淨治罪障，總攝者，總攝此二種宗要修七支及供曼陀羅，七支內將積集懺悔等皆修完備。七支者：一、禮拜，二、供養，三、懺悔，四、隨喜，五、請轉法輪，六、請住世，七、迴向是也。

如教授祈禱者。教授即宗喀巴大師，祈禱令依止善知識起乃至止觀止，其中所有一切功德生起，所有一切罪障消除，作祈禱時，要心生恭敬，如法思維，即所謂令與相續和合。

西藏修法者，有專閉關修菩提道次第者，亦如顯教四方結界，彼于室座四方纍石（不令越界意），但此只是結外界而已，內心防護尤要注意，內心防護法有四：

一、依善知識去無知過。

二、具慚愧心免放逸過。

三、恭敬師友免不敬過。

四、修對治法去己煩惱。

一、依止善知識，得善知識督策指導，可對治無知。

二、具慚愧心，常念自己乃係受戒修法者，如何可犯過，此即慚心，又念我私作惡事，他人雖不知，何能欺佛菩薩，瞞師友，此即具愧心，修慚愧心，即對治放逸。

三、恭敬師友，常對師友維恭維敬，對治慢心。

四、察己煩惱有貪，修不淨觀；有瞋，修慈悲觀；有癡，修緣起觀，對治煩惱殊勝。以上四種為顯密所共，密宗尚有別種對治法。

今初

先想自他一切有情相續之中，貪等煩惱，如諸灰塵，灑以世俗菩提心水，令其潤濕，遂善灑紅花所泡香水。又想自他一切有情相續之中，二障習氣，一切垢穢，以勝義菩提心帚，而爲掃除。

【講】觀灰塵體是煩惱，灰塵是相，不但想自己一身之煩惱，應同一切有情作想。觀水即世俗菩提心，以菩提心水潤濕自他有情一切煩惱故。觀帚即勝義菩提心，掃除自他有情二障習氣，一切垢穢。常具如此心，作如此想，即能成就。故發菩提心，修菩提行，不一定必要上座來修，要知道隨時隨地皆是修行之機，祇不要離菩提心。

二障習氣：㈠、習氣─所知障，㈡、煩惱─煩惱障。中觀家以煩惱障習氣為所知障，唯識家以煩惱種子為所知障，粗煩惱易斷，細習氣難除，故欲以勝義菩提心帚而為掃除。菩提心分二種：㈠、世俗菩提心，㈡、勝義菩提心。為度一切眾生，故欲成佛，但具菩提心，無空慧所任持，此謂世俗菩提心。為度一切眾生而成佛，實無佛可成，度一切眾生，但眾生無自性，實無一眾生可度，雖度一切眾生，而實無眾生得度者，現量通達無我無我慧所任持之菩提心，為勝義菩提心。初地以上見道方有。但相似勝義菩提心，于資糧道中亦有者，彼於法無自性，但有緣起等說，稍知一點，非真實勝義菩提心也。

顯教亦說掃地有五種功德：㈠、令自心清淨，㈡、令他心清淨，㈢、諸天歡喜，㈣、積端正業，㈤、死後升天上。

誦：

掃塵，除垢。（誦七遍）

又誦：

一切有情之一切罪障，阿跋那耶娑訶。一切病，一切祟，一切災，一切怨，一切穢，一切差鬼，一切疫鬼，一切惡相，一切惡兆，一切不吉祥，一切侵擾，一切橫死，一切宿曜忌，一切王賊難，一切摩羅索，一切閻羅使，一切礙神毗奈耶迦，一切留難違緣阿跋那耶娑訶，掃除令淨。

【講】誦掃塵除垢時，想外魔驅除，災祟消滅。阿跋者消意，那耶者除意。

次加持地基等。誦：

諸佛大悲加持力，性淨法界諦實力，
我淨意樂勝解力，合聚莊嚴最希有。

【講】加持者，由佛之威力加持眾生，因由佛大悲之功德，令眾生生信心，故稱加持。又佛光照入眾生，加被眾生為加，眾生感佛顯應為持。加持地基變穢轉淨具足三力：

㈠、諸佛大悲加持力—令不清淨成清淨。

㈡、法界無自性力—萬法唯心造，心淨佛土淨（假若執實則難轉）。

㈢、清淨意樂力—有清淨意樂，信佛能加持，有勝解心，三力合起即可轉變。

想所住室一切地基衆寶爲性，變成圓滿清淨刹土。即於如是清淨室中，高廣妙座，供設身語意像，次第無亂，端列殊妙。

【講】地基具足三德：㈠、體如琉璃，㈡、相極平坦，㈢、質柔軟有彈性如皮球。

地無自性，在佛視為金磚琉璃，在眾生視成磚土瓦塊。視為磚土瓦塊者乃眾生共業力所感；比如水，眾生視為水，天視為甘露，餓鬼視為膿血，有此差別，乃各各自業所感，虛妄分別，於法界體性無關係。地、土、水，本無自性也。故佛有清淨功德，即成清淨佛土，眾生業障妄執，即成污濁世界，若能常常觀想，觀想成熟，想琉璃地即是琉璃地，比如不淨觀，本無骷髏，若觀修成熟，眼前即見骷髏，他人亦見骷髏。

正修時之前加行法有六：

第一、供設身語意像

【講】供設佛像，不以金銀銅泥貴賤而分別高下。佛像供一尊者，即供釋迦牟尼佛。修菩提道次第者，供釋迦佛或宗喀巴大師作福田像，法寶供八千頌般若，及菩提道次第等經書。意像最好供塔，否則劍、鉢等三昧耶物亦可，位置，塔供最高層，次經，下佛。佛像先須開光，因泥塑木雕佛像，恐眾生生不起信心，故必開光，免去分別不敬。然既開光，已請得智慧尊，降臨入像，切不可作泥木想，應視同真佛，供設佛像端列供養，當隨力所及，無力不要勉強，有力不要慳吝。

供佛功德有三：㈠、生起福德，㈡、免去災難，㈢、減除煩惱。

第二、以無諂曲而尋供養，端嚴陳設。

【講】無諂曲分二：一、物無諂曲—非造不善業所得來財物。二、

心無諂曲—不為自求現世福祿，後世人天福報，惟以供養功德，迴向眾生速成佛。（先誦供養雲陀羅尼三遍）

嗡。那摩跋迦、嚩得、班哆拉娑惹、扎摩打納、達他加達耶、阿惹哈得、三姆揑三補打耶、得耶他。嗡。班則班則、摩訶班則、摩訶得匝班則、摩訶毗耶班則、摩訶薄底集達班則、摩訶薄底門瑙巴、三扎摩娜班則、薩嚩迦摩、阿嚩惹娜、毗穴答拉班則娑訶。

次三誦：

仗承三寶諦實，一切諸佛菩薩加持，圓滿二種資糧大勢，及法界清淨不可思議力故，願成如是。

【講】誦供養雲咒，想供物，遍滿虛空，因法界諦實無自性，想有即有，想無即無。

第三、身具八法坐安樂座或隨宜威儀，既安住已，善觀自心從殊勝善心中，修皈依發心，四無量心決定令與相續和合。

【講】身具八法者：一、兩足跏趺，二、手結定印，三、背脊端正，四、兩肩平坦，五、眼觀鼻端，六、頭不低不昂，七、唇牙自然（不大張不緊闔），八、舌頂上顎，安樂座者，即舒適座（不太硬不動搖）。若修法用，應特作一修法座，座高有一定尺寸，高一肘、廣二肘、六指叉見方、左右後三面有靠沿，高約半肘餘，座上墊下畫右旋卍字。又四方置四根吉祥草，草尖向中心，草能辟除垢穢故，昔釋迦佛在菩提樹下成道亦坐如是草座故。（佛昔在雪山修行時，有買草者名吉祥，持此草供佛，佛後成就，故名此草為吉祥也。）殊勝善心，即發度一切眾生而修法之心，決定令與相續和合云云，口誦心想。（見前）

身具毗盧七法坐安樂座，善觀自身。諸惡分別，狀如黑光，從右鼻孔與息俱出，想諸佛菩薩之加持，狀如白光，自左鼻孔與息俱入，加持相續，三返調息等。

【講】毘盧七法或云八法，事實無差別，毘盧為一切佛色蘊所顯，為成就一切身功德，故照毘盧七法端坐，因修法者，第一為清淨色蘊關係，希將來成就清淨色蘊耳！

諸惡分別者，自己虛妄分別（惡心所），惡者黑業，故其光黑，觀黑光從右鼻孔出，先用手按左鼻孔，由右鼻孔出氣，黑光隨氣息出到虛空中，漸漸散滅，繼想諸佛之加持，狀如白光，自左鼻孔入，此時用手按右鼻孔，由左鼻孔吸入氣，白光隨息俱入。（觀：相是白光，體是諸佛之加持。）三次後調轉，即先由左鼻出息，右鼻入息，亦行三次，再二鼻同時出息，同時入息，如是一出一入，亦行三次，共經九次，所謂九接風法。調息後，風無不調，而惡分別亦遣去矣！遣去惡心後，轉無記心，尚欲再令轉善心，由善心始可誦下文：（誦三遍）

憶我今一次得暇滿時，於生死處不應貪著，此諸慈母一切有情於生死中，三苦逼惱，爲度令速出生死獄故，決定當得正等覺位。（令此殊勝善心明了）

【講】從無始來流轉生死，得到人身，甚為希有。現在偶而得到人身，應知無常，思維黑白業果（下士道）。雖得人身，此身易壞，不應貪著，求下世福報。縱即生天上，亦無常住。須知三界皆具足苦，應當發起出離心，希求涅槃（中士道）。又自身既知三界苦求出離，證涅槃樂，但一切眾生當如何！一切眾生皆是我過去父母，他們為苦苦、壞苦、行苦所迫惱，應速令出離此生死牢獄，我今無力不能救度。即天，即聲聞，皆不能救度，唯佛方能廣度眾生，故我欲度父母一切眾生，決定必須成佛，因欲成佛故，必須修菩提道（上士道）。

次明想皈依境：（究成佛之因，佛法由何入門？當先皈依，並須明了皈依境，所皈依之境即三寶。）

前普賢供雲海中，　八大獅子善擎持，
衆寶所成廣座上，　略後光然摩尼座，
雜色蓮花月日上，　本師釋迦牟尼相。
色如純金頂嚴髻，　右手按地左定印，
上持甘露充滿鉢，　兩足金剛跏趺坐，
披三法衣紅花色，　相好圓明莊嚴身，
能使觀者不知足。

【講】前謂面前，高齊眉際，離己一弓之遠。（太高生掉舉散亂，太低生昏沈。）面前虛空中有普賢供雲海，稱海，形其廣大也。八大獅子，表八大菩薩。昔釋迦佛於法界秘密宮習定，有魔來侵，八大菩薩，顯八大獅子相遣逐之。獅前兩手舉起（手掌平向上），表擋天魔不敢害修行人，兩足按地表抵地魔，兩眼瞪視，表觀對面空中魔不敢來害修行者，獅毛色青，四爪如鐵鈎，目如閃電，髮紅狀猛，舌捲捷速。

衆寶所成廣座者，先想揭摩杵，金剛鑽所成，上有金剛體所成廣大寶座，八大獅子擎持之，於大座稍靠後有小寶座，亦係八獅子抬，座係摩尼寶所成，燃大光明，其上雜色蓮花，八瓣，四方四瓣皆紅色，東南西北兩角黃色，西南瓣綠色，東北瓣藍色，中央花蕊黃色，其上月輪，月輪上日輪。在密宗，月輪表世俗菩提心，因月光清涼，消衆生熱惱之障。日輪表勝義菩提心，因日光熾盛，黑闇盡消，消去衆生二障。蓮花表清淨，在污濁而不染。日輪墊上，端坐本師，釋迦牟尼相。（本師即自己上師，須有具如下之資格，以講儀軌者，灌頂者，傳咒者，為本師。昔宗喀巴大師以令眾生有出離心者為本師，亦有以講菩提道次第者為本師，稱本師釋迦牟尼佛者，因體是上師，相是釋迦佛，如是觀者，得佛加持力速而大。）釋迦牟尼相，身本無量，我們現在觀佛身，先觀為十六肘高，觀法衣離佛身四指（不緊貼身），相好圓滿莊嚴，令觀者心無厭足（讚佛身功德）。

光照十方超勝日，具足六十妙音支，
和美語言聞無厭。

【講】佛身生光蘊如百日之集，普照眾生，具足六十妙音支者，佛一音說法，不分別答眾問，而眾聞者，各得如己所問之答，如此功德，惟佛乃有（讚佛語功德）。

深廣心意智悲藏，邊底俱超於測量，

離諸惡垢圓妙德，　略念能除二衰惱。

【講】深，讚佛智。廣，讚大悲。邊即無邊，指廣。底指深，悲廣智深，俱超於測量（讚佛意功德）。

離諸惡垢，謂佛二障斷盡（讚佛斷德）。圓妙德，謂佛所得智具足（讚佛智德）。

二衰惱者，一、生死輪迴，二、小乘涅槃。（在佛看來，小乘涅槃亦是衰惱。）

心間金剛持及妃，　受用空樂多寶嚴，

善著天衣心藍吽，　三種薩埵爲本體。

【講】釋迦佛心間金剛持，右手持杵，左手持鈴，明妃右持勾刀，左持戕巴拉（顱器）。受用空樂者，空無性之樂，世間人不知樂無自性，故其樂是有漏樂。空樂係無漏樂。心藍吽者，金剛持心間吽字藍色。三種薩埵者，一、三昧耶薩埵（釋迦佛），二、智慧薩埵（釋迦佛心間金剛持），三、等持薩埵（金剛持心間吽字）。

左右蓮花日月座，盡傳承師敷陳設，
右邊座上有慈尊，廣行傳承諸師繞，
左邊座上妙音尊，深觀傳承諸師繞。
能仁前面寶座上，根本師長朝時相，
親受法益諸師長，坐蓮日月而圍繞。
能仁背後略高處，獅座蓮月日輪上，
勝百部主金剛持，加持傳承諸勝師，
三藏灌頂講教授，無量傳承諸尊長，
坐蓮日月而圍繞。

【講】左右蓮花日月座，如何生出？觀想由釋迦佛心間放光，至右邊，光端生蓮花，花上日輪，日上月輪座，座上有慈尊彌勒，及廣行派諸上師無著菩薩等圍繞，又放光至左邊，光端生蓮花，花上日輪，日上月輪座，座上有妙音尊文殊，及深見派諸上師龍樹菩薩等圍繞，又釋迦佛心間放光至前面，光端生蓮花，花上月輪日輪（與左右座不同），日輪座上根本上師朝時相，及親受法益諸師長圍繞，朝時相者初見師面相，即戴金黃色般的達帽，身穿紅黃三法衣，外披紅衫，喜歡相如慈母顏，右手當心，拇食二指拈優波羅花，花枝出偏於右邊高齊於耳，花上菩提道次第頌，上有寶劍，（頌表廣行，劍表深見，二者表令眾生生起修深廣二菩提道次第。）左手定印托鉢，內盛甘露，（表壽長，修法圓滿，及上師久住世佛事增長，一切成就意。）能仁背後稍高處，獅座蓮月日輪上，坐勝百部主金剛持。（勝者讚殊勝吉祥意，百部主者，即密宗，百部之主金剛持是也。）

能仁主伴四方外，密畏樂喜及時輪，
偏照毗盧遮那佛，建三昧耶四大部，
本尊天衆外報化，諸佛菩薩及二乘，
勇識空行護法衆，無量靜怒各安住。
彼等之前微妙座，上有各說眞正法，
光明自性經函相，歸境充滿虛空界。
彼諸離過功德聚，以大悲眼注視自，
猶如慈母於愛子，呼善男子生死苦，
特三惡趣諸怖畏，若欲解脫我來救，
以歡喜狀而安慰。

【講】能仁釋迦主伴，東方文殊，南方本師，西方彌勒，北方金剛持。又四方外畏右，密前，樂左，喜後，及四大部，時輪無上部主尊，徧照瑜伽第三部主尊，毘盧第二部行續主尊，建三昧耶初部事續主尊。

本尊天眾之天字讚自在與勝義，即出世間者，非指世間天。外報化者，佛報化身，二乘者，聲聞緣覺，勇識空行無量靜怒，靜者寂靜相，怒者忿怒相，各安住其位。

總以上所云皈依境，或如是簡略觀想之，觀想於己面前虛空之中，有八大獅子所擎廣大寶座，於大座上稍靠後，有小寶座，亦係八獅子抬，其上雜色蓮花，花上月輪，日輪墊上，端坐自性根本上師所顯釋迦牟尼佛相，心間金剛持及妃，金剛持心間藍色吽字為本體，右邊蓮花日月輪座上，慈尊彌勒，及廣大行派諸上師無著菩薩等圍繞，左邊蓮花日月輪座上，妙音尊文殊，及甚深見派諸上師龍樹菩薩等圍繞。前面蓮花月輪日輪座上，根本上師朝時相，一切親傳諸師長，坐蓮日月而圍繞，於釋迦佛後方稍高處，獅座蓮月日輪上，坐金剛持，及加持傳承諸勝師，灌頂講教授無量傳承諸師長，坐蓮日月輪墊而圍繞，主伴四方外，右畏，左樂，密前，喜後，及時輪，徧照毘盧遮那，建三昧耶四大部，下方周圍，一切本尊、一切佛、一切菩薩、聲聞、緣覺、勇識、空行、護法眾、無量靜怒，分數層圍繞，各安住其位。彼等面前微妙座上，置有各所說真正法寶，光明為性，經函為相，此充滿虛空界之資糧田，一一皆以大悲眼注視自己，猶如慈母視愛子，待愛子求援，即來救護。此時自己對皈依境，要想三惡趣苦，如身臨危境求佛慈悲救護，宛如臨難，忽遇救者現前，當起至誠懇切求救之心，此時並想諸佛猶如慈母，以手撫眾生之頭，呼善男子云：「汝了知生死苦，怖畏三惡趣，若欲解脫，我來救汝。」以歡喜狀而安慰。

修皈依因：

眷屬六道諸眾生，　　自他皆畏苦逼切，

仰請師長及三寶，從彼救護作援助。

【講】皈依須具二條件：一、出離三惡趣心，二、信三寶能救護，方為真正皈依，故謂二條件為皈依因。

正皈依中共皈依：

歸依尊長！

由祈禱故，從尊長能仁大金剛持，及其周圍親受疏傳諸師身中，流注五色甘露，俱諸光明，體是諸師身語意功德事業之加持，灌入自他一切有情身心。從無始集一切罪障，特如捶恩師身，故違師語，擾亂師意，不信輕毀，佔用師物等，總依一切罪障，相如煙汁炭水，一切疾病，猶如膿血大小便相，一切魔難，如蛛、蝎、魚、蝌、蛙、蛇等，相繼從根門及一切毛孔向外溢出。金剛地下，有死主閻羅，狀如紅牛，張口獠牙，欲噉自他一切有情之壽命。流入彼口，飽滿下視，終無再起。一切地基成金剛性，自身澄淨，光明爲體，一切福壽教證功德，皆爲增廣。尤其諸師身語意密一切加持，流入自他一切有情之身心，故自他一切有情，皆入師長皈依之下。（歸依尊長句誦七遍後全文誦一遍）

【講】師佛，周圍（見前皈依境）親受。直接受傳法者，疏傳，遠自釋迦佛以下歷代傳承師祖。誦皈依師時，觀想自己右父、左母、前冤、後親、周圍一切有情、與己同聲念誦，由祈禱故，從資糧田能仁釋迦佛金剛持及周圍諸師，身中放五色光明，流注五色甘露，大者如雨，小者如霧，甘露由佛及師長身發出隨光筒放射，到自己及一切眾生，灌入頂門，淨除無始以來一切罪障，特別對師所犯及不如法依止之一切罪過，化為煙汁炭水，從根門及一切毛孔向外流出淨盡，自身澄淨光明，福壽教證一切功德，尤其諸師身語意密一切加持，功德甘露流入自他一切有情之身心，故自他皆入師長保護之下。

皈依佛！（誦七遍）

由祈禱故，從尊長能仁大金剛持，及其周圍密樂畏三，歡喜、時輪、遍照、毗盧、能仁建三三昧耶等，四部諸尊，賢劫千佛，三十五佛，過去七佛等，諸佛寶身中，流注五色甘露，俱諸光明。體是諸佛身語意功德事業之加持，灌入自他一切有情身心。從無始集一切罪障，特如惡心出佛身血，於像毀訾善惡，質當抵押販賣佛像，惡心折塔，違背佛語，造此等業，總凡依佛一切罪障。相如煙汁炭水，一切疾病，猶如膿血大小便相，一切魔難，如蛛、蝎、魚、蝌、蛙、蛇等，相繼從根門及一切毛孔向外溢出。金剛地下，有死主閻羅，狀如紅牛，張口獠牙，欲噉自他一切有情之壽命。流入彼口，飽滿下視，終無再起。一切地基成金剛性，自身澄淨，光明爲體，一切福壽教證功德，皆爲增廣。尤其佛寶一切加持，流入自他一切有情之身心，故自他一切有情皆入佛寶皈依之下。（如前法觀想，但由一切佛身放光降甘露……。）

【講】對於佛所犯罪障，特別出佛身血，今世不作，前生或有。又於佛像毀呰，最易犯過。昔阿底峽尊者之弟子某，請得佛像一尊，持奉尊者面前問此佛像好否？尊者答言：「佛像怎有好劣？凡是佛像皆具三十二相八十種好，至於手工略粗。」故對佛像不得評論好劣，如造做不佳應加所塑手工二字，不可混言此佛像好或不好也。

皈依法！（誦七遍）

由祈禱故，從諸尊前法經函中，流注五色甘露，俱諸光明，體是斷證功德，灌入自他一切有情身心。從無始集一切罪障，特如誹謗正法，販經爲貨，賣經而食，置經露地，質當、不敬，放跨越處，與鞋並持，譏議法師有無辯才等，總凡依法一切罪障。相如煙汁炭水，一切疾病，猶如膿血大小便相，一切魔難，如蛛、蝎、魚、蝌、蛙、蛇等，相繼從根門及一切毛孔向外溢出。金剛地下，有死主閻羅，狀如紅牛，張口獠牙，欲噉自他一切有情之壽命。流入彼口，飽滿下視，終無再起。一切地基成金剛性，自身澄淨，光明爲體，一切福壽教證功德，皆爲增廣。尤其法寶一切加持流入自他一切有情之身心，故自他一切有情皆入法寶皈依之下。

歸依僧！（誦七遍）

由祈禱故，從諸菩薩、獨覺、聲聞、勇識、空行、護法神等，一切僧寶身中，流注五色甘露，俱諸光明，體是悲智力三學等功德，灌入自他一切有情身心。從無始集一切罪障，特如毀謗聖僧，破壞僧伽，奪僧財物，分別黨類，不信邪見及缺時供，未酬謝等，總凡依僧一切罪障。相如煙汁炭水，一切疾病，猶如膿血大小便相，一切魔難，如蛛、蝎、魚、蝌、蛙、蛇等，相繼從根門及一切毛孔向外溢出。金剛地下，有死主閻羅，狀如紅牛，張口獠牙，欲噉自他一切有情之壽命。流入彼口，飽滿下視，終無再起。一切地基成金剛性，自身澄淨，光明為體，一切福壽教證功德，皆為增廣。尤其僧寶一切加持，流入自他一切有情之身心。故自他一切有情，皆入僧寶皈依之下。

【講】如前法觀想，誹謗正法者，如學顯毀密，學密詆顯。又毀謗小乘法等，須知凡法皆是佛說之正法，無有優劣。但對各人根機而有差別，譬如病之與藥，對症用藥，藥祇要能治病，無有好壞分別也。

奪三寶物中，奪佛寶、法寶物，罪尚可懺悔。比如偷後生悔悟非，即可懺悔，送還原處，偷僧寶物，其罪最重，無可悔贖。因僧人來往無定故。雖偷後生悔，送還而本僧已他去，不能歸還原主，無法懺悔故也。

廣如上修。次明略修：

皈依師至皈依僧。（誦七遍。其降甘露、淨罪等廣如下說而修。）

【講】無暇誦皈依時，可將皈依師乃至皈依僧，一起念誦。凡依上師三寶一切罪障………尤其上師三寶一切加持。（上師之下加上三寶二字）

次不共皈依：（共皈依者小士中士之皈依，不共皈依者，大士之皈依也。）

諸佛正法衆中尊，直至菩提我皈依！（誦三遍）

由祈禱故，從一切皈依境身中，流注五色甘露，俱諸光明，灌入自他一切有情身心。從無始集一切罪障，特由皈依三寶違越皈依

學處等，總凡依止三寶一切罪障。相如煙汁炭水，一切疾病，猶如膿血大小便相，一切魔難，如蛛、蝎、魚、蝌、蛙、蛇等，相繼從根門及一切毛孔向外溢出。金剛地下，有死主閻羅，狀如紅牛，張口獠牙，欲噉自他一切有情之壽命。流入彼口，飽滿下視，終無再起。一切地基成金剛性，自身澄淨，光明為體，一切福壽教證功德，皆為增廣。尤其三寶一切加持，流入一切有情之身心，故自他一切有情皆入三寶皈依之下。

【講】觀想自己右父左母及一切有情同聲誦前二句時，從對面資糧田一切皈依境（皈依境者三寶），同時放射五色光明，隨光降五色甘露，灌入自他一切有情頂門，充滿全身，淨滌，從無始以來所集一切罪障相如：：（如前說觀想），尤其三寶一切加持：：：入於自他有情身心相續之中。

次發心：

我修施等諸資糧，　　爲利衆生願成佛。（誦三遍）

爲利諸母一切有情，速當證得正等覺位，故從現在乃至菩提，受佛子戒，學廣大行，爲利衆生願成佛心，乃至成佛，願當受持。

於此中間若修以發心果爲道之法，極爲切要。修彼之法：

【講】發心果者，即發心所成之果，以果位為道而修。

如是猛修發心力，　　能仁歡喜分化身。
入自淨治諸罪障，　　自成能仁金剛持，
自身放光照十方，　　量等虛空有情數，
一一光端極分放，　　無數能仁金剛持。

淨盡空量諸有情，　二種世間皆清淨，
成如是已修歡喜，　隨能安住彼定中。

【講】觀想對面資糧田中，能仁釋迦心間化出一分身釋迦佛，先止於自己面前，與眉間齊，化光由自眉間入身，淨治罪障，於自身心由加持故。自成能仁金剛持，自身即時放光遍照十方，光量等虛空有情數，一一光端極分放出無數能仁金剛持，一一金剛持加持淨治一一有情及器土之罪障垢穢，如是令所有情世界有情數皆成佛，令所有器世界器界皆成淨土，如是觀想時，略略入定。

誦已隨能而定。次修四無量心：

我與父母六道衆，　無始流此三界中，
恒受三苦所逼惱，　總由無福未懺罪，

別由心隨煩惱轉，貪著自黨瞋他類，
由貪瞋力而受苦。今我及母諸有情，
云何能得離貪瞋，恒時安住四無量？
惟願安住我令住，惟願加持能如是。（隨誦而想。次誦：）

【講】恒受三苦，即苦苦，樂變壞苦，行苦所逼惱，總由無福未懺悔罪障，未修積集資糧，故流三界。別由自心不能作主，隨煩惱轉，貪愛著自己方面親族眷屬，對他類仇怨，生瞋，常有幸災樂禍之心，即無仇怨，對他亦不生慈悲，不能攝他，由貪瞋造惡業而受苦、苦、煩惱也。為苦因，所受三苦逼惱為苦果。

云何能得離貪瞋？恒時安住於四無量者，能得離貪瞋，安住於捨，是欲無量，願其安住是願無量。我令安住，是增上意樂無量，維願加持，是祈禱無量。

一切有情云何能離親疏、貪瞋，安住於捨？願其安住，我令安住，惟願師長本尊加持，能得如是。（三遍）

【講】捨無量在前者為修習時，先令生起平等心故。若能冤親平等捨貪瞋，對親不貪戀，對他冤不瞋恚，而後慈悲等心方易生起也。離親疏即平等，離貪瞋即捨，觀現世所親，過去生中未必親，太貪愛即癡業，造業為墮落之因，現世雖為仇，過去生中，或是親屬，故對仇尤應生慈悲，親疏無自性，應平等觀，捨無量如地基，悲無量如種子，慈無量如水及肥料，喜無量如花果也。

一切有情云何能具樂及樂因？願其具足，我令具足，惟願師長本尊加持能得如是。

一切有情云何能離苦及苦因？願其遠離，我令遠離，惟願師長本尊加持能得如是。

一切有情云何不離善趣解脫最勝安樂？願其不離，我令不離，惟願師長本尊加持，能得如是。（三遍）

【講】大悲為成菩提種子，願有情離苦，即悲心，不但對受苦眾生生悲心，尤其對造惡之人特別要生悲心。因受苦眾生，苦受完了尚可轉善，造惡者有惡因，必感惡果故。所以對他們特別生起悲心，他罪我代受，不令他感到苦果，悲心有初中後次第，初悲如種子，中間有悲心能修六度，如水與肥料，成佛後之悲心度眾生，如果子成熟供眾生食，故悲心自發心以至成佛，一法中具足一切法。

由祈禱故，從一切皈依境身中，流注五色甘露，俱諸光明，灌入自他一切有情身心。從無始集一切罪障，特能障礙自他一切有情修四無量一切罪障。相如煙汁炭水，一切疾病，猶如膿血大小便相，一切魔難，如蛛、蝎、魚、蝌、蛙、蛇等，相繼從根門及一

切毛孔向外溢出。金剛地下，有死主閻羅，狀如紅牛，張口獠牙，欲噉自他一切有情之壽命。流入彼口，飽滿下視，終無再起。一切地基成金剛性，自身澄淨，光明爲體，一切福壽教證功德，皆爲增廣。尤其皈境一切加持，流入自他一切有情身心，故自他一切有情身中，皆生四無量之殊勝證德。

【講】從一切皈依境身中云云，觀想見前。四部本尊及外圍聖眾，皆從上師生出，亦皆是佛之變化身。上師具足佛、菩薩、聲聞、護法一切功德，體是上師，相是各各佛菩薩聲聞，尤其皈境一切加持者，總罪障清淨一切加持，特別皈境一切功德加持流入自他一切有情身心。相是甘露，體是加持。自他皆生四無量之殊勝證德者，對眾生實實生起慈、悲、喜、捨四無量心，非徒空想。

次發殊勝心：即清淨心（誦七遍或二十一遍）

特爲利益一切有情，必須速速證得正等覺位，
故當由甚深道尊長，瑜伽門中修菩提道次第。

【講】速速解有二意，第一速，依密宗至遲十六生內成佛，第二速，現生即能成佛。又說：第一速即生成佛，第二速，于六年或十二年內成佛，特為利益一切眾生（所因），必須成佛（所緣）。若但發度眾生心無求成佛心，則有流入生死之過。若自求速成佛，無度眾生之心，則落於小乘，故上二種心，必須具足方是成佛之因，有是因方得成佛之果。當由甚深道尊長瑜伽門中修者，甚深道即成佛之法，尊長指己上師，瑜伽門指如法，依止上師修習上師瑜伽法，菩提道次第，將上師瑜伽包括完善，修何本尊皆從菩提道次第成就，故如最初發心修菩提道次第，則一供一拜，皆是成佛之因。

第四、明想福田。

以上福田或收攝已，更新觀福田，或不收攝，重想彼福田，令更明顯。此爲易修故，依於後派，奉請福田。

前空如前觀福田，身放無量諸光明，
偏無央刹現變化，作十二事調衆生。
五部自性於五處，頂上嗡白吽阿紅，
心間吽藍臍沙黃，密處哈綠五字嚴。
主尊心中種子字，放紅色光猶如鈎，
從清淨性法身界，請諸智尊入其中。

【講】於此將以前所觀想之福田，重復觀想一次，令更明顯，從一切資糧田能仁上師本尊諸佛菩薩等身中，放無量五色光明，偏無央刹現諸變化，作十二事調伏衆生，再觀五部自性於五處者。頂上嗡，白色，毗盧佛自性；喉間阿，紅色、無量光佛自性；心間吽，藍色，不動佛自性；臍間沙，黃色，寶生佛自性；密處哈，綠色，不空佛自性，五字莊嚴。

總一切佛菩薩皆放光，特別主尊心吽放紅色光鉤，從自性法身界請諸智慧尊入其中。從自性法身界，請智慧尊，從法身界請報身，從報身請變化身，又或從各本尊所住處請，各本尊各有住處，如洛伽山為觀音住處，五台山為文殊住處，森登林為綠度母住處等。始初觀想之諸尊名三昧耶尊，從十方佛土請來的名智慧尊，請來智慧尊入於三昧耶尊，合一無二，作十二佛事者（西藏報身十二），一、生兜率天，二、從彼下降，三、入胎，四、出胎，五、善巧機密，六、受用，七、出家，八、苦行，九、降魔，十、成佛，十一、轉法輪，十二、涅槃。

漢譯諸經稱八相成道，其內亦含此十二事，廣略不同耳。顯密不同之處，修顯成就遲緩，修密成就利速，顯教念佛、禮拜等不過一樁因上事，再若無方便，則修若干年不如密宗修一座功德大。密宗一座內將清障、成佛、度眾生、種種事業、一起包括完全，所以顯教成佛如漸次乘車乘舟，中途遇阻礙，尚須繞道，故遲。密教成佛，如坐飛機，速達目的，而路程次第亦皆經過，惟速至耳。

惟願一切有情依，　摧惡魔軍及眷屬，
正知諸法盡無餘，　佛及眷屬降臨此。
世尊於多無量劫，　哀愍衆生修悲心，
廣大志願皆圓滿，　佛欲度生今是時。
故從任運法界宮，　現諸神變及加持，
爲度無邊衆生聚，　同諸淨眷降臨此。

【講】一切有情依者，佛為眾生所依靠，此讚悲德，摧惡魔軍者，佛能摧壞惡法之魔軍及魔軍眷屬此讚力德。正知諸法盡無餘者，佛於一切法盡知無餘，其餘菩薩、聲聞等皆不能盡知，因境廣智狹，惟佛智與境等，此讚智德，佛有度生之願者，故今請佛來度衆生，此其時矣！

觀想時：第一、對佛觀想明了，第二、信佛如真實降臨，第三、信佛福田皆是功德田。

略修如是。若廣修者，

諸法自在尊，等同純金色，威德過於日，信心而奉請。
寂靜具大悲，調伏住定地，智觀法無著，成就無盡力，
善來寂靜尊，能仁一切智，善造諸影像，供獻而來此，
爲利諸衆生，與此像共住，願給壽無病，自在諸勝事。

[口+巛+夕]、吽、鈸、嚧。想諸智尊各入諸三昧耶尊，成一切皈處共集體性。

【講】諸法自在尊者，即不為法所自在而能自在一切法。善來者，即乘悲願而來，供獻而來此者，應改為來此供獻處。與此像共住者，謂即與開光佛像合一而住。念誦嗡字時，想智慧尊住在三昧耶尊頂上，念誦吽字時，智慧尊入三昧耶尊，念誦鋑字時，智慧尊與三昧耶尊和合，念誦噓字時，兩尊和合如水融乳無二無別，生起空樂安住，利益眾生。

一切皈處共集體性者，上自佛乃至護法皆共集一體具足三寶自性。

此處若修沐浴，能令行者，自修道次第所緣行相，智慧明了，信解堅固，息除穢障病魔損惱。漸於師長能爲沐浴按摩供養，承事侍奉等，極爲殊勝。

【講】印度規矩，沐浴，代師擦身。又如師遠道之下，身體疲倦代為按摩息勞（依地風俗而異），所緣行相者，無常行相（有為法），無我行相（無為法），信解堅固者信解有為法係無常苦空，信解無為法真實無自性。

奉浴者，先啓白云：

謹請沐浴，於此一切資具浴處，奉請一切世尊、如來、應正等覺、明行圓滿、善逝、世間解、無上士、調御丈夫、天人師、佛薄伽梵。（誦七遍）

次觀浴室：

於此浴室異香馥，　水晶爲地極顯耀，
熾然寶柱最可意，　眞珠傘蓋具光燄。

【講】於資糧田獅座四方，觀門浴室，眾寶所成，水晶為地，寶石為柱，真珠傘蓋，顯耀莊嚴，室外環以草地，寶樹圍繞，每一浴室，四方各有一門，門前各有一水池，金沙舖底，內貯香水，周圍妙寶莊嚴，池邊安置寶梯。

浴云：

猶如降誕時，　　諸天獻沐浴，
我以淨天水，　　如是浴佛身。
嗡薩爾幹．達塔迦達．阿毗克迦達．薩摩耶．醯爾耶阿吽。

【講】咒義：薩爾幹，此云一切，答塔迦達，此云如來，阿毗克迦達，此云沐浴，薩摩耶或譯三昧耶，此云誓句，醯爾耶阿吽，此云吉祥，大意云沐浴此一切如來三昧耶尊獲得吉祥。佛本清淨，行沐浴供者，為令自心清淨耳！

行者先備一盆，內置銅鏡，為某尊佛沐浴時，觀鏡中所顯某尊佛身，而以寶瓶香水沐浴之，如是口誦咒，手隨注水，心作觀想諸佛解衣入妙寶浴室，自心放出無數天女，手執寶瓶，注水於池，而獻沐浴。

雖佛三密無煩惱，　爲淨有情三業障，
於佛三密供浴水，　願淨有情三業障。

嗡薩爾斡·達塔迦達·阿毗克迦達·薩摩耶·醯爾耶阿吽。

一切佛集身，　金剛持體性，
作三寶根本，　沐浴諸尊長。

嗡薩爾斡·達塔迦達·阿毗克迦達·薩摩耶·醯爾耶阿吽。

俱胝妙善所生身，　滿足無邊衆生語，
如實盡觀所知意，　沐浴能仁金剛持。

嗡薩爾幹・達塔迦達・阿毗克迦達・薩摩耶・醯爾耶阿吽。

沐浴傳承廣大行，　沐浴傳承甚深觀，

沐浴傳承加持修，　沐浴傳承大勢行。

嗡薩爾幹・達塔迦達・阿毗克迦達・薩摩耶・醯爾耶阿吽。

沐浴教授諸尊長，　沐浴傳行諸尊長，

沐浴根本諸尊長，　沐浴親承諸尊長。

嗡薩爾幹・達塔迦達・阿毗克迦達・薩摩耶・醯爾耶阿吽。

沐浴本尊諸天衆，　沐浴報化諸佛陀，

沐浴三乘正法寶，　沐浴大乘諸僧伽。

嗡薩爾幹・達塔迦達・阿毗克迦達・薩摩耶・醯爾耶阿吽。

沐浴小乘諸僧伽，　沐浴勇識空行衆，

沐浴正守諸護法，　沐浴護世四王衆。

嗡薩爾幹・達塔迦達・阿毗克迦達・薩摩耶・醯爾耶阿吽。

略修如是，若欲廣者，可如下文禮敬支時所說而修，拭佛亦隨時宜。次總浴者：

以諸非一珍寶瓶，　滿蓄悅意妙香水，
俱諸歌音及伎樂，　沐浴如來及佛子。
嗡薩爾斡．達塔迦達．阿毗克迦達．薩摩耶．醯爾耶阿吽。

拭身云：

以諸無等淨香衣，　拭擦諸佛菩薩身。
嗡、吽、嚐、吽、阿、迦耶、娑呎達拏耶娑阿。

【講】觀想：佛沐浴畢，原有之衣飾供具，為帝釋梵天天龍等請去，供者此時另獻新妙，衣飾供具。

誦咒時，手捧哈達揮舞，如擦身狀；嗡字，毘盧佛種子；吽，不動佛種子；吽掌，寶生佛種子；吽什（即紇哩），阿彌陀佛種子；阿，不空佛種子；迦耶成就意，娑吽穴達拏耶，清淨意。

供塗香云：

以諸勝妙香，　薰滿三千界，
如摩金放光，　塗諸能仁身。

供衣云：

種種色顯如虹雲，　隨觸何人生安樂，
爲淨我心獻寶衣，　願得忍辱妙衣嚴。

供莊嚴云：

佛具相好性莊嚴，　不須諸餘莊嚴飾，

供寶莊嚴願衆生，　得諸相好嚴飾身。

供諸寶具云：

悲心輪圍名稱幡，　正定寶蓋辯才光，
供此勝緣諸資具，　願諸衆生得淨智。
供獻妙寶吉祥瓶，　種種香水善充滿，
願淨諸業煩惱垢，　菩提心水恒潤澤。
圓滿金光照十方，　吉祥威德徧晃耀，
以此眞純寶金冠，　供釋迦王爲頂嚴。
願正法寶弘十方，　廣大安樂徧世間，
證得人天諸衆生，　頂戴莊嚴十方位。

【講】供諸寶具者，法輪、幡、寶蓋、吉祥瓶、寶金冠、佛經。

請久住云：

愍我及衆生，　　願佛以神力，
乃至我能供，　　世尊住世間。

若時忙促，或修四座，於後數座，亦可置此供浴法。
第五、攝集淨扼要，供七支及曼陀羅。初禮拜支，若廣修時：

一切佛集身，　　金剛持體性，
作三寶根本，　　敬禮諸尊長。

【講】六加行法前四種加行完，今第五加行，修七支及供曼陀羅為令二障清淨，二種資糧圓滿，我今為度眾生，欲成佛，修此資糧。又要簡括開廣七支罪障扼要，亦攝取供七支及曼陀羅修法之扼要。
初禮拜支，叩長頭或短頭，叩頭依西藏規矩，兩手合掌，雙大指納掌內，合掌內略空，如摩尼寶，名摩尼實合掌法，先舉掌於頂，表令身障清淨，思念佛之身功德，加持自身，清淨自己身障，為將來具足清淨法身。次舉掌於喉際，思念佛之語功德，加持自身，令自己語言得善巧辯才。三、舉掌當心，思念佛之意功德，加持自意，令自己具足智悲力，一面讚佛功德，一面觀己三門，化出無量三門。而所禮境亦無量，如是作觀，則禮拜一拜，等同無量數拜，具無量功德。總之，恭敬禮拜觀相，身禮即得身功德加持，語禮即得語功德加持，意禮即得意功德加持，敬禮諸尊長者，尊長即上師，一切佛集身云者，上師為一切佛所共顯，自己業太重，修多劫，業不能消滅，今佛顯凡夫身為我師，而來攝受我，故對師不能生平凡想，若作佛想，自己即感得佛功德，作聲聞想，即感聲聞功德（類推），故同時一樣禮拜，而觀相差別，功德懸殊。作三寶根本者，三寶由上師生故，師不說法，佛不生，法不生，僧不生，故為三寶根本，先表敬功德，末禮本尊身。

俱胝妙善所生身，滿足無邊衆生語，
如實淨觀所知意，敬禮能仁金剛持。
慈氏無著及世親，解脫勝調名稱軍，
獅賢二善行金洲，敬禮傳承廣行師。
曼殊龍猛破有無，月稱及大正理鵠，
善護佛意聖父子，敬禮傳承深見師。
大悲善逝金剛持，勝觀得羅拏嚩巴，
勝種比巴阿底峽，敬禮加持諸尊長。
妙吉祥音無盡慧，嗯拉打日勇金剛，
菩薩寶祥及金洲，敬禮傳大勢行師。
講修教授阿底峽，教授法祖種敦結，
四瑜伽師三昆仲，敬禮教授諸尊長。

諸佛至尊宗喀巴，妙吉祥海克主第，
法金剛及菩薩等，敬禮正行諸師長。（此處可添自己傳承諸師）
皈處總集金剛持，隨機示現知識相，
能給勝共二成就，敬禮有恩諸師長。
密怖樂喜及時輪，偏照大日建三昧，
四部密法所繫屬，敬禮本尊諸天衆。
略由持號及憶念，能消暴惡諸罪聚，
釋迦能等三五佛，專一恭敬誠意禮。
牟尼王等前七佛，兄弟七佛賢劫千，
阿彌陀佛不動等，敬禮一切正等覺。
摧壞集諦冥闇種，拔除苦諦毒箭根，
佛母慧到彼岸等，敬禮三乘諸正法。
妙音觀音金剛手，地藏菩薩除蓋障，

慈氏普賢虛空藏，　敬禮八大近佛子。
彌勒獅子金剛手，　及妙音等修大行，
廣度衆生出二邊，　敬禮一切菩薩衆。
智上及光幢，　如是願慧尊，　根寂靜妙音，　我當恭敬禮。
天及非天冠，　敬禮足下蓮，　度一切困難，　我禮度母尊。
善修十二深緣起，　不須依止師教力，
自能證得獨覺智，　敬禮諸聖獨勝尊。
羅漢勝慧諸根調，　善住乃至有正法，
受持增長護聖教，　敬禮羅漢諸尊者。
八大尸林廿四境，　三十七處空界等，
善住無數希有剎，　敬禮勇識空行衆。
速疾依怙及法王，　吉祥天女多聞子，
幔及四面憍醉等，　敬禮聖智護法衆。

能仁十六尊者等，　任往何處利衆生，
隨從護教終無厭，　敬禮護世四王衆。

若有暇時亦應禮拜（念一頌拜一拜），忙則可棄此廣禮。略者可誦一頌云：

徧觀無央經教目，　善士趣向解脫階，
由悲發動巧開顯，　敬禮此諸善知識。

【講】由悲發動巧開顯者，由悲心發動度眾生，以善巧方便觀眾生機，應以何乘得度者，即顯何乘而為說法。禮善知識等同禮三寶，因由善知識具足三寶故。

所有十方世界中，　三世一切人師子，
我以清淨身語意，　一切遍禮盡無餘。
普賢行願威神力，　普現一切如來前，

一身復現剎塵身，一一徧禮剎塵佛。
於一塵中塵數佛，各處菩薩衆會中，
無盡法界塵亦然，深信諸佛皆充滿。
各以一切音聲海，普出無盡妙言辭，
盡於未來一切劫，讚佛甚深功德海。

次供養支，若廣修時：

從佛海供所成辦，剎土海中閼伽海，
於功德海佛眷屬，以信海供願攝受。

【講】此即修八供。俸獻二水五供及樂，如是於閼伽處改誦浴水、尠花、燒香、燈明、塗香、飲食、伎樂，每供改換閼伽二字，例如供浴水則誦：「剎土海中浴水海。」供尠花則誦：「剎土海中尠花海。」

餘類推，每供皆誦—從佛海供所成辦，剎土海中閼伽海，於功德海佛眷屬，以信海供願攝受。

次供五欲塵云：（此五欲指色、聲、香、味、觸。）

寶自在王吠瑠璃，青等顯色及形色，
變爲三色金剛身，（此金剛身指天女）奉獻師長本尊眼。
無執大種所出生，離說音韻諸聲聚，（離言說無自性之音韻）
變成三聲金剛身，奉獻師長本尊耳。
龍腦沈水豆蔻等，善和所出諸香聚，
變成三香金剛身，奉獻師長本尊鼻。
資益身體甘露食，甘酸辛苦淡等味，
變成三味金剛身，奉獻師長本尊舌。
觸身即能與安樂，如意衣等諸觸塵，

變成三觸金剛身，　　奉獻師長本尊身。（吠瑠璃者青色寶、爲寶中王）

次供輪王七寶云：（誦七遍）

智者以輪寶，　　徧滿此刹土，

能與悉地故，　　聰慧每日奉。

【講】如是每供一寶，於輪字處易為珠，妃臣、象、馬、將，各字而供誦。例如供珠寶則誦，智者以珠寶徧滿此刹土。供妃寶則誦：「智者以妃寶，徧滿此刹土，能與悉地故，聰慧每日奉。」

次供隨七寶云：

能勝敵險諸利劍，　　遮護寒暑寶皮衣，

輕軟離染諸臥具，　　愛樂遊戲悅意園，

隨欲而臥安樂室，精織妙衣難燒割，
鞋不沈沒無勞倦，以此七種隨從寶，
供師能仁及眷屬，願諸衆生受利樂。

次供八吉祥相：

妙福寶柄所執扶，除煩惱燄白傘蓋，
純瞻部金所成辦，利樂河中所住魚。
吉祥紋彩向右旋，聲揚十方白法螺，
離惡泥垢淨解脫，瓣葉繁盛潔白蓮。
圓滿無盡如意藏，衆寶所成賢善瓶，
壯於觀瞻勝妙畫，悉能成熟吉祥紋。
最勝解脫宮殿頂，樹立三身尊勝幢，
能召圓滿安樂世，勝妙金輪千輻輞，

供獻世尊及眷屬，　願大安樂徧世間。

【講】八吉祥相者：一、白傘，二、金魚，三、法螺，四、白蓮，五、彩瓶，六、結祥紋，七、尊勝幢，八、金輪。

次供八吉祥物：

如理如量諸法影，　無雜明現最勝鏡，
盡除三毒諸煩惱，　心藏牛黃殊妙藥。
猶如月融旋瓶中，　潔白精味妙醍醐，
能摧死事善成就，　長金剛命上茅草。
能感大果聞思修，　轉成菩提毗羅婆，
宣揚名稱至有頂，　微妙法螺向右旋，
世出世間堅動德，　盡能召攝赤黃丹，

勇猛摧碎魔軍衆，　金剛器杖芥子聚。
奉獻世尊及眷屬，　衆生皆享諸吉祥。

【講】如理勝義諦如量世俗諦，八吉祥物：一、鏡，二、牛黃，三、醍醐，四、茅草，五、毘羅婆（一種果子），六、法螺，七、黃丹（修愛敬法用以勾召），八、芥子（修降伏法用）。

又以十方世界，人天未持，諸可意物，而爲供獻。如〈入行論〉說：

【講】人天未持者，即人天未據為己有之可意物攝來供獻，即意供獻。

爲受最勝寶貴心，　應善供養諸如來，
及正法藏無垢寶，　並諸佛子功德海。
曼陀羅花及蓮花，　及青蓮等香馥花，

穿爲華鬘極悅意，供養能仁勝供處。
勝香可意氣徧熏，燒煙成雲亦供佛，
種種飲食諸食物，及天妙食亦供佛。
又供純金之所造，端嚴蓮花諸寶燈，
平坦地基妙香塗，徧布悅意諸散花，
無量宮殿具妙音，懸掛諸寶極熾然。
如是無量虛空嚴，供養大悲自性尊。
微妙傘蓋純金柄，周圍悅意妙莊嚴，
形狀善妙衆樂見，恒常供養諸能仁。
盡其所有諸華果，盡其所有諸妙藥。
又盡世間諸珍寶，及諸悅意清淨水，
衆寶山聚與園林，寂靜可愛諸處所，
樹木莊飾諸華葉，有樹甘果繁壓枝，

天等世間所有香，　燒香寶樹如意樹，
未種自然生香稻。　又凡堪供諸莊嚴，
海湖池沼飾蓮花，　具足鴻雁發妙音，
徧滿無央虛空界。　凡諸無主攝持物，
由心取持奉能仁，　最勝士夫及佛子。
諸勝福田具大悲，　爲愍我故受此供，
我因無福最貧乏，　全無餘財堪供養，
故希利他諸依怙，　爲利我故佛受此。
我今決定將自身，　供養諸佛及佛子，
願大菩薩納受我，　恭敬永作佛眷屬。
諸餘供養聚，　伎樂微妙音，　能息有情苦，　供雲常充滿。
一切法寶處，　塔及形像前，　惟願恒無間，　降澍寶花雨。
猶如妙音等，　供養諸佛陀，　如是我供養，　如來及佛子。

我以音聲海，稱讚功德海，惟願諸佛前，定生稱讚雲。

此於忙時亦可捨置。略云：

以諸最勝妙華鬘，伎樂塗香及傘蓋，
如是最聖莊嚴具，我以供養諸如來。
最勝衣服最勝香，末香燒香與燈燭，
一一皆如妙高聚，我悉供養諸如來。
我以廣大勝解心，深信一切三世佛。
悉以普賢行願力，普徧供養諸如來。

懺悔支者，若廣修時，先誦三十五佛懺，後如〈集學論〉文誦云：

成就悲力諸菩薩，勇士勤行利有情，
彼救有罪無依我，我終皈依諸菩薩。

次誦總懺及佛尊眾生依等。略則誦云：

我昔所造諸惡業，皆由無始貪瞋癡，
從身語意之所生，一切我今皆懺悔。

【講】懺悔恃四力：一、依止力－皈依三寶得三寶加持。二、對治力－誦咒、拜佛，以百字明消除罪障，其對治力最大。三、破壞力－追悔心（作惡事後悟非追悔，力求懺悔，即能破壞罪障故。）四、還復力－既懺悔已，誓不再造，還復清淨。

隨喜支者：

十方一切諸眾生，二乘有學及無學，
一切如來與菩薩，所有功德皆隨喜。

【講】隨喜善事，不但隨人去作有功德，即一念同情心，便生同彼所有功德。

請轉法輪支者：

十方所有世間燈，最初成就菩提者，
我今一切皆勸請，轉於無上妙法輪。

【講】佛出世說法，令衆生止惡修善，衆生如得明燈，向光明之道進行，否則衆生念念無明，如在暗處，誦頌時，觀想諸天獻法輪，佛受已，作允諾意。

請住世支：

諸佛若欲示涅槃，我悉至誠而勸請，

惟願久住剎塵劫，　　利樂一切諸眾生。

【講】佛示涅槃，因為眾生常見佛，即生懈怠心，不肯信心精進，故佛示涅槃，令眾生感希有想，欲速修佛法，誦頌時觀想諸天女，供獻諸獅子座，請佛住世，佛欣然納受，供獅子座，勇猛堅固，表能久住。

迴向支者：

所有禮讚供養佛，　　請佛住世轉法輪，
隨喜懺悔諸善根，　　迴向眾生及佛道。

【講】迴向無上佛菩提，增上廣大功德，修善不作迴向，福報有盡，若迴向菩提，如一滴水入於大海，海水不乾，滴水不乾，三種善事最要：一、始初發菩提心為成佛之因，二、中間修布施，三輪體空布施，感得空慧圓滿資糧，三、迴向無上菩提成正果。（三輪體空者無施者相，無受者相，無所施物相。）

供曼陀羅者：

請供刹界，嗡、班雜普彌阿吽，大自在金剛地基，嗡、班雜惹克阿吽，外鐵圍山所繞中間，須彌山王，東勝神洲、南瞻部洲、西牛賀洲、北俱盧洲，身及勝身、拂與妙拂、諂及勝道行，俱盧與俱盧月、衆寶山，如意樹，滿欲牛，自然稻，輪寶、珠寶、妃寶、臣寶、象寶、馬寶、將軍寶，寶藏瓶，嬉女、鬘女、歌女、舞女、華女、香女、燈女、塗女，日、月，衆寶傘，尊勝幢。

【講】曼達面積最大一箭次一肘小一手叉高四指，曼達質以紅銅為最如法。（因紅銅在西藏為寶中所攝）

形式：有圓、半圓、方、三尖四種。修息災、增益、愛敬、降伏四法，息法用半圓，增益法用方，愛敬用圓，降伏用尖。顏色有五彩者，各表各法，曼達內先塗以牛物五種，所供米麥等洗淨而用，拌以六香藥料及奶子等更佳。四方方位，有二說，一、依自己面前為東方，表自積集資糧，速得圓滿。一、依佛面前為東方，表得佛加持力速。供時先以左手撮米少許於掌內執持曼達底邊，次以右手握米，於曼達上撒米三次，復以右手腕脈部貼器，向外拂拭三次，觀想消去三業罪障，所以用手腕脈部者，因彼處，係神通脈，亦稱菩提脈故。次復撒米三次，以右腕脈部向內擦拭三次，觀想佛三門功德入自身三門，而後將曼達置於盤中取米物供獻，隨堆隨誦供文，觀想成就大自在金剛地基，偏敷妙花。依次堆米，依次作觀，始堆中央須彌山，次即從東起，東勝神洲、南瞻部洲、西牛賀洲、北俱盧洲，次東南身洲、東北勝身洲、西南拂洲、東南妙拂洲、西北諂洲、西南勝道行洲、東北俱盧洲、西北俱盧月洲，再東方眾寶山、南方如意樹、西方滿欲牛、北方自然稻。又東方輪寶，南方珠寶、西方妃寶、北方臣寶、東南角象寶、西南角馬寶、西北角將軍寶、東北角寶瓶。又東方嬉女白色、南方鬘女黃色、西方歌女紅色、北方舞女綠色、東南角花女黃色、西南角香女白色、西北角燈女淡紅色、東北角塗女雜色，頂上東方日、西方月、南方眾寶傘、北方尊勝幢，至此米物裝滿結頂，觀輪壇廣大，量等三千大千世界。隨誦：

其中人天圓滿富樂，無不具足，以此奉獻根本傳承諸勝恩師。總集三世歸處爲體，有恩本師善慧能仁大金剛持諸天眷屬，爲利眾生，願哀納受，又願受已以大悲心加持自他一切有情。

香塗地基衆花敷，　須彌四洲日月嚴，
觀爲佛土奉獻此，　衆生咸受清淨刹。

自他身語意、資財三世福、微妙寶壇輪、普賢供養聚、心持供師長、本尊及三寶、惟願哀納受、加持自他等。伊當姑茹、惹那、曼札拉、岡、尼耶達耶彌。（曼達置供桌上手掌內米向空撒盡）

【講】咒義：伊當，此云此，姑茹，此云上師，惹那，此云三寶，曼札拉，此云剎界，岡，此云虛空，尼耶達耶彌，此云供獻。以此圓滿具足虛空剎界奉獻於上師三寶。

供曼陀羅法，所供堆數，有數種不同，最簡單者為七堆，通常修加行供十萬曼達者，即用七堆修法，其上為二十三堆、二十七堆、及三十七堆，上列者即為三十七堆修法。

菩提道次第修法筆記　卷上（終）

菩提道次第修法筆記　卷下

善慧持教增廣大師　造
法尊法師　譯
民國丁丑年冬月觀空法師在華北居士林　講
林友　朱楊壽梅　筆記

加行內第六加行

第六、如教授請白，與相續合。初約三大義，以猛利欲樂三誦請白：

敬禮皈依師長三寶，願尊加持我內相續，我從不恭敬善知識起，乃至執著二種我相，加持速滅一切倒心。從恭敬善知識起，乃至

通達二種真實，加持速生一切不顛倒心，加持速疾息滅一切內外秘密違緣障礙。

【講】首先皈依師長，因依止為修道根本故。初約三大義（廣大派）：

一、我從不如法依止善知識起，乃至不如法修菩提道次第三士道止觀之倒心，祈加持速滅。

二、以如法依止善知識起，乃至通達二種真實之不顛倒心，祈加持速生。

三、內違緣者自身一切疾病，外違緣者外方人非人等為我作損害，秘密違緣者，即煩惱，所有對修行一切違緣，祈加持速疾息滅，令功德生起。

乃至執著二種我相者：（我執、法我執。）執五蘊和合之假相為我，即我執；五蘊和合假安立之我，係無常，不得極樂故，真我恒常自在，於一切法，執為有自性。又證涅槃而以涅槃為有自性者，具是法我執。

乃至通達二種真實者，通達法我無自性之真實，即本體無自性之理，二種真實應通達，是不顛倒心，二執在三士道中亦應斷，何故在此始出，因三士道修完再修止觀，二我在觀中破之，故列後。

次就道次第啟白中，先啟白廣大行派諸師。

具足吉祥本師寶，　安住我頂蓮月座，

由大恩門哀攝受，　賜給身語意悉地，　賜給身語意悉地。

【講】吉祥者，或譯德，依顯教說：福智二種資糧具足；密宗說：得空樂不二，本師寶者，上師有如摩尼寶，能滿弟子一切願（修道成佛之願），安住我頂蓮月座者對上師啟白後上師喜歡，由對面上師身，分一化身，安住我頂上，面朝外與己同向，合掌向資糧田啓白：我弟子已發心，惟願加持我弟子，於相續之中，菩提道功德生起，賜給身語意悉地，念第二句賜給身語意悉地時，觀想對面諸佛放光，頂上本師由心吽隨降甘露，入自頂門，充滿身中，滌除無始時來一切罪障，罪障被甘露一沖洗刷，如炭水膿血從各毛孔及下道流出，如是三業消除，三門清淨，而後功德甘露由足下起漸漸上升，溢滿三門，如是依止上師一切功德生起，得身語意悉地，特別對依止師寶信心，得以生起。

無等導師釋迦尊，至尊紹聖無能勝，
佛記聖者無著足，啓白佛及菩薩前，啓白佛及菩薩前。

【講】無等者，無有比倫，紹聖者，紹繼佛位；無能勝者，無有能勝即指彌勒菩薩；佛記，此云得授記者即指無著菩薩。啓白佛及菩薩前，念第一句啓白，觀資糧田上師能仁、彌勒無著，降大甘露，其餘佛降小甘露從我頂灌入，將障礙修廣大行之罪障消去（不依止及不如法修之罪障消滅）。念第二句啓白時觀想彼三尊歡喜各分一化身，自頂門入我身，由加持故，凡屬於廣大行二種菩提心，一切功德生起。

世親贍部頂上嚴，聖解脫軍得中道，
及住信地解脫軍，啓白三開世間眼，啓白三開世間眼。

【講】世親為南贍部最通達無我之大知識，聖解脫軍者得中觀道之大解脫者，及住信地解脫軍此三大知識是開世間眼目者，因世間眾生無明障覆無異盲目而行，第一句啓白三開世間眼，諸尊降甘露灌我頂門，將無始二障消去，第二句啓白時，彼三尊各分一化身自頂門入我身，加持同彼通達無我得中道解脫之功德生起。

佳希有處最勝軍，　身修深道調伏軍，
廣大行藏徧照師，　啓白衆生三親友，　啓白衆生三親友。
弘智度道獅子賢，　持佛教授孤薩黎，
悲攝衆生有善師，　啓白衆生三商主，　啓白衆生三商主。

【講】領衆生到涅槃寶山如親友，如商主，以上啓白弘揚諸尊證果功德，而求加持，觀相如前，以下啓白大阿闍黎。

護菩提心金洲師，　持大轍軌燃燈智，
光顯善道敦巴寶，　啓白聖教三棟樑，　啓白聖教三棟樑。

【講】大轍軌者—如實觀照中觀見之轍軌燃燈智，即阿底峽名字，敦巴寶即阿底峽弟子。

瑜伽自在蘭若師，深定堅固內蘇巴，
持毗尼藏塔瑪巴，啓白邊地三燈炬，啓白邊地三燈炬。
精勤修習虛空獅，善士加持虛空王，
離世八法獅子賢，啓白佛子賢善足，啓白佛子賢善足。

【講】世八法者，即稱、譏、苦、樂、利、衰、毀、譽。有說法者，覺悟眾生，如眾生之燈炬，精勤修習虛空獅。（修菩次止觀）

菩提心視眾如子，本尊攝受垂加持，
導濁世眾善知識，啓白虛空幢師足，啓白虛空幢師足。

【講】虛空幢，即宗喀巴之師，曾得本尊加持，具足菩提心。

無緣悲藏觀世音，無垢智王妙祥音，

雪境智嚴宗喀巴，啓白善慧名稱足，啓白善慧名稱足。

【講】悲有三種，生緣悲、法緣悲、無緣悲。見眾生悲境當前以眾生及苦為實有，而生起悲心，名生緣悲。觀無常、苦、空，自己已了解無我，但為隨順眾生認為有我有苦，而生悲，名法緣悲。了達法無自性，眾生無自性，對無自性眾生前，起無自性悲心，名無緣悲。無垢者清淨，無垢智王妙祥音者，文殊菩薩。雪境者雪山，西藏之別名。善慧名稱者，宗喀巴之尊稱，雪境智嚴者依地讚名，雪山智者之頂上莊嚴也。以上啓白念第一句時觀想彼諸尊放光，降甘露灌入我身，將障礙修菩次止觀之罪障消去念，第二句啓白時，諸尊各分一化身自頂入我身，加持生起一切功德，尤其菩提心及修菩提道次之功德生起。

此處加自己傳承諸師之讚頌，……最後誦云：

攝歸處師金剛持，隨機示現知識相，
賜與勝及共悉地，啓白有恩諸師長。（可誦一次）

次啓白甚深觀派諸師：

無等導師釋迦王，總集佛智妙音尊，
觀甚深義龍猛足，啓白善說三頂嚴，啓白善說三頂嚴。
月稱光明聖意趣，大理杜鵑彼長子，
次理杜鵑佛子足，啓白正理三自在，啓白正理三自在。
如實觀照深緣起，持大轍軌燃燈智，
光顯善道敦巴寶，啓白瞻部二莊嚴，啓白瞻部二莊嚴。
紹隆佛種博朵瓦，觀慧無比霞惹瓦，
菩提心主伽喀巴，啓白三滿衆生願，啓白三滿衆生願。
教證菩薩笈補巴，淨教自在勝智者，

三界眾生依怙寶，啟白最大三上座，啟白最大三上座。
淨戒香馥桑勤巴，毗尼億主錯拏瓦，
竟對法海門扎巴，啟白眾生三導師，啟白眾生三導師。
獲得甚深廣大法，具善眾生之所依，
賢善事業弘聖教，啟白吉祥師長足，啟白吉祥師長足。
修行自在尸羅然，正依知識童子光，
勝道淨心傑公足，啟白如來三佛子，啟白如來三佛子。
持希德藏佛陀弟，善士加持虛空王，
離世八法獅子賢，啟白佛子賢善足，啟白佛子賢善足。
菩提心視眾如子，本尊攝受垂加持，
導濁世眾善知識，啟白虛空幢師足，啟白虛空幢師足。
三學財滿智慧宮，賢善事業利所化，
名光徧照瞻部方，啟白吉祥師長足，啟白吉祥師長足。

【講】觀想同前，惟改廣大行派為甚深見派，觀其降甘露，將障礙修甚深觀之罪障消去，入身加持得甚深觀一切功德生起，廣大行者修福資糧，甚深見者修智資糧。一總說菩提道次第，一別說無我，初深見廣行二派，各有傳承。自宗喀巴於此二見通達，併廣深合為一傳承，雖其後尚有分開修，而傳承是一。啓白兩派諸師後，加傳承諸師，乃至啓白有恩諸師長，徐徐讀誦，降甘露懺罪之觀想，如前述，若略修者如前文云：

具足吉祥本師寶，安住我頂蓮月座，
由大恩門哀攝受，賜給身語意悉地。
俱胝妙善所生身，滿足無邊衆生語，
如實淨觀所知意，啓白能仁金剛持。
慈氏無著及世親，解脫勝調名稱軍，

獅賢二善行金洲，啓白傳承廣行師。
曼殊龍猛破有無，月稱及大正理鵑，
善護佛意聖父子，啓白傳承深見師。
大悲善逝金剛持，勝觀得羅拏嚩熱巴，
勝種比巴阿底峽，啓白加持諸尊長。
妙吉祥音無盡慧，嗯拉打日勇金剛，
菩薩寶祥及金洲，啓白傳大勢行師。
講修教授阿底峽，教授法祖種敦結，
四瑜伽師三昆仲，啓白教授諸尊長。
諸佛至尊宗喀巴，妙吉祥海克主第，
法金剛及菩薩等，啓白正行諸師長。（加諸傳承諸師）

次誦云：

攝爲歸處金剛持，　　隨機示現知識相，
賜與勝及共悉地，　　啓白有恩諸師長。

【講】總攝資糧田歸處為金剛持，隨眾生機示現善知識相，賜與眾生勝共二悉地，故師長之恩重如佛。

次就總加持門啓白：（總加持自依止善知識起至止觀雙運止之加持）

諸功德本爲如理，　　依止恩師是道基，
善了知識多策勵，　　恭敬親近祈加持。

【講】觀想對資糧田啓白後，資糧田放光降甘露，淨治自他一切罪障，加持自他得如理依止之加持。

一次得此暇滿身，　　知極難得具大義，

徧諸晝夜恒無間，　　生取堅心願加持。

【講】人身難得，今偶一次得此暇滿身，藉此人身方可成佛，所以具大義利。恒無間者念念相續不間歇，生取堅心者，修行佛法之堅決心令我生起。

身命動搖如水泡，　　速疾壞滅當念死，
死後如影隨於形，　　黑白業果恒隨逐，
獲定解已於罪聚，　　雖諸小罪亦應除，
勤修一切妙善聚，　　常不放逸祈加持。

【講】此共下士道次第，念人生無常，黑白業果如影隨形，獲定解者，此云獲涅槃定解，既獲已雖微細罪，亦不再作，勤修善行，常不放逸，祈求加持成就。

受用無飽衆苦門，　不可保信三有樂，
見過患已當希求，　解脫妙樂願加持。

【講】此共中士道，受用無飽者，五欲無厭足，實為眾苦之門。三有樂即欲界、色界、無色界，三界之樂亦不可保不可信，既見過患，即當希求解脫，如是解脫妙樂願加持生起。

清淨意樂所引發，　正念正知不放逸，
聖教根本別解脫，　修爲堅實祈加持。

【講】此上士道，清淨意樂所引發者，即為度眾生欲成佛所引發起修行之心。別解脫者，即七眾別解脫戒祈加持修持堅實。

如自沉沒三有海，　慈母衆生悉如是，

見已荷度衆生擔，　修菩提心願加持。

【講】慈母眾生同己一樣沉沒三有苦海，我當荷起度眾生之擔子，如此為度眾生而成佛之菩提心，願加持堅實。

發心若不學三戒，　當知定不證菩提，
故應勤發大精進，　學菩薩戒祈加持。

【講】三戒者—律儀戒、攝善法戒、饒益有情戒。學菩薩戒，包括六度、四攝、祈加持成就。

散馳邪境令寂滅，　如理觀察眞實義，
寂止妙觀雙運道，　速當生起願加持。

【講】別修止觀二道，散馳邪境者。即修此本尊想到他本尊，生此邪境，即用止法止之。如理觀察真實義者，觀察無我，無自性，寂止即禪定，妙觀即正觀，雙運道者，止觀雙運不可偏依，如是雙運道，祈加持速生。

善修共道成法器，　乘中最勝金剛乘，
諸善丈夫勝道階，　願速趣入祈加持。

【講】共道者即前三士道，為密宗顯宗共修之道也。成法器者成可修密法之器，金剛乘在諸乘中為最殊勝。善丈夫者善知識，諸善知識之勝道階，祈加持速趣入。以上每誦一頌，如法觀想。

若於此中間受四灌頂加持，廣則先受五部律儀。正受灌頂者：

總攝一切皈依處，　總諸福田特能仁，
心中徧主金剛持，　從頂嗡字注甘露，

淨滌身障修生次，安立能成化身果，
從喉阿字流甘露，淨滌語障修幻身，
安立能成報身果，心吽字光流甘露，
淨滌意障修光明，安立能成法身果，
復從五處降甘露，淨三業障修雙運，
安立能證金剛持，應想已得四灌頂。
爾時二種成就本，謂護淨律三昧耶，
願獲眞實決定解，捨命守護祈加持。
次正通達續部心，二次宗要善勤習，
四座瑜伽不散漫，如師教修願加持。
願說如是妙道師，及正修伴堅固住，
內外一切諸障礙，速疾息滅祈加持。
願一切生不捨離，善師受用正法樂，

圓滿地道諸功德，速證勝位金剛持。

【講】灌頂義藉一切如來智慧甘露灌頂，令生起殊勝三昧耶。於此觀想對面總諸資糧田放諸光明，特別能仁心中徧主金剛持，從頂嗡字放光降射大甘露如小雨狀，灌入自他有情頂門，淨滌無始以來所有身障，身障消除，由加持故，頂上生嗡字，修生起次第安立能成化身果。又從金剛持喉阿字放光，注流甘露入自他有情喉際，淨滌無始以來所有語障，因加持故，喉生阿字，修幻身安立能成報身果。又從金剛持心間吽字放光，隨流甘露注入自他有情心間，淨滌無始以來所有意障，意業清淨，由加持故，心生吽字，修光明安立能成法身果。復從金剛持頂上嗡字，喉際阿字，心間吽字，臍間娑字，密處哈字，五處一同放五色光，甘露隨光注射降入自他一切有情頂門，充溢全身，淨滌無始以來三門一切業障，加持五處五字莊嚴，修雙運道，安立能證金剛持，如是應想自身已得四種灌頂。得此四種灌頂，即已得毘盧佛、無量光佛、不動佛、寶生佛、不空佛五方五佛之灌頂矣！爾時二種成就本者，謂護淨律三昧耶，及獲真實決定解，此二者捨命守護祈加持。

此處若欲攝受亡者，觀想亡者安住對面，如平常樣，從總攝一切皈依處起念誦（想亡者一同念），至速疾息滅祈加持下誦，願一切生不捨離，善師受用正法樂，圓滿地道諸功德，速證勝位金剛持。此時隨同觀想上師能仁心間放紅光鉤，從亡者頂門下去，鉤止明點，至誦，速證勝位金剛持句，將鉤速速提起，直入上師能仁心間。（明點，即識，詳彌陀往生法。）

次收福田誦：

廣大白淨福田尊，　能仁心吽放光明，
照耀無央忿靜衆，　從外漸入諸師長。

廣大行派入慈尊，　　甚深觀派入妙音，
親得法緣入本師，　　加持派入金剛持。

【講】此收攝福田，觀想能仁心間吽字放光，照耀外圍無央忿靜諸尊，先從外圍漸漸向內次第收攝，先吽光照外圍，外圍勇識空行護法眾化光入諸佛菩薩身；次吽光照諸佛菩薩，諸佛菩薩化光入四大部主尊身；再次吽光照四大部主尊，主尊化光入諸師長，凡屬廣行派諸傳承師化光次第收攝；最後收入慈尊彌勒身，凡屬甚深見派諸傳承師化光次第收攝，最後收入妙音尊文殊身，親承傳承諸上師收入本師身，加持派收入金剛持身，如是暫成五尊，中央能仁，右彌勒，左文殊，前本師，後金剛持。

暫於五尊觀令明顯。

二子化光入正尊，　具足三恩根本師，

由前融入能仁心，　金剛持尊從頂降，

安住心中智薩埵，　諸座入佛座蓮月，

總攝歸處佛大日，　想自現見具善根。

【講】能仁心間吽字放光照四方主伴，左右二子慈尊、妙音，各各融化，光自左右入於正中本尊身，前面根本師化光，自眉際融入能仁心，後面金剛持化光，自頂上降入能仁心間安住智慧薩埵身，然後觀諸尊座，融化入佛座蓮月。

想自即是親見師長善慧能仁金剛持具善根之士夫，發大歡喜。

次佛喜入頂上師，　獅子蓮月日輪座，

上有能仁金剛持，　安住三種薩埵體。

【講】三種薩埵者，即三昧耶薩埵，智慧薩埵，等持薩埵是也。

復於頂上師長善慧能仁金剛持，以猛利信敬，略供七支及曼陀羅，專懇啓白：

俱胝妙善所生身，滿無量衆希願語，
如實盡觀所知意，敬禮能仁金剛持。
盡奉實設意化供，無始造罪皆懺悔，
隨喜凡聖所修善，生死未空善安住，
爲諸衆生轉法輪，自他善迴大菩提。
四洲須彌日月寶，寶壇普賢供養聚，
供攝歸處師本尊，哀愍納受垂加持。
啓白四身爲體性，師尊能仁金剛持。
啓白離障法身體，師尊能仁金剛持。

啓白大樂報身體，　師尊能仁金剛持。
啓白種種化身體，　師尊能仁金剛持。
啓白總攝諸師長，　師尊能仁金剛持。
啓白總攝諸本尊，　師尊能仁金剛持。
啓白總攝諸佛陀，　師尊能仁金剛持。
啓白總攝諸正法，　師尊能仁金剛持。
啓白總攝諸僧伽，　師尊能仁金剛持。
啓白總攝諸空行，　師尊能仁金剛持。
啓白總攝諸護法，　師尊能仁金剛持。

特當三誦下二句：

啓白總攝諸歸處，　師尊能仁金剛持。

次啓白云：此下啓白分三：上段懺悔、中段生功德、末段請加持生起諸功德。

我與慈母一切有情，生生死死，長夜領受種種猛利大苦，皆由意樂加行，未能如理親近諸善知識，未思暇滿義大難得，發生堅固取心要意，未思死沒無常，未怖諸惡趣苦，至心皈依三寶，未能深信業果，於黑白業如理取捨。

【講】大苦即八苦，三苦即苦苦、壞苦、行苦。意樂，即生信心及恭敬心。加行即禮拜承事供養等，未思暇滿義大難得者，於八暇、十圓滿身之難得大義未思，暇者閒暇也，謂有閒暇可以聞法修法也。八無暇者：一、三惡道，二、盲聾瘖瘂，三、世智邪辯，四、正法滅盡時，五、生北俱盧洲，六、生無想天，第一三惡道，分之為三無暇，即成八無暇。

十圓滿者：一、生在人中得丈夫身，眾同分圓滿。二、生在中國，得四眾處（四眾謂比丘、比丘尼、優婆塞、優婆夷。），處所圓滿。三、身體不缺根支，性不頑嚚，解善惡，依正二報圓滿。四、於現生中不作五無間罪，無業障圓滿。五、不撥無因果，無信解障圓滿。以上五者名內圓滿。六、遇佛出世。七、值佛教法，一俗諦正法，施設圓滿。八、二勝義（真諦）正法，流轉圓滿。九、二諦正法，猶存在未滅，證道有人，正行不滅圓滿。十、隨順資緣圓滿，即衣食臥具湯藥等緣具足。此後五，為外圓滿。

難得者，人身難得，善處如甲泥，惡趣如地土，既未思暇滿，義大難得，即亦難發生堅固取心要意。（若知人身難得，當知寶貴，當發堅固取心要意，取心要意者人身非徒具人相而已。須離八無暇，方是圓滿人身，既得人身，應速力修佛法，不要再失人身。）未思死沒無常，未怖諸惡趣，不發心皈依三寶，未能深信業果，於黑白業如理取捨，故生生死死，長夜領受猛利大苦。（以上共下士道）

未知生死皆是苦性，發生猛利欲解脫心，未能發生解脫心已，如理學習三學之道。（共中士道）

【講】此生死者，包括三界，指三界皆是苦性，未知苦性，即不能發生求解脫心，是以不能如理學習三學之道。三學，即戒、定、慧。

又於一切有情，未能遠離親、疏、貪、瞋，住等捨心，發起知母、念恩、報恩、慈悲、增上意樂、菩提心寶，如理修學大菩薩行之所招致。（上士道）

【講】此上士道修冤親平等之捨心。知母者謂已無始以來受過生命無數，即有父母無數，故父母皆是三界眾生輪迴流轉，是故眾生皆過現父母，不知此理，故不念恩報恩，慈心與樂，悲心拔苦。增上意樂者，此云度眾生之事我來負擔，修菩提心有七種次第，前六、是發菩提心因，後一菩提心為果。菩提心不生，不能如菩提道次第修習大菩薩行，所以招致生生死死，長夜領受猛利大苦矣！（以上啓白爲懺罪）

今我及慈母一切有情，意樂加行，願能如理依善知識，思惟暇滿大義難得，發生堅固欲取心要之意樂，念死無常，怖畏惡趣苦，皈依三寶，深信業果，止惡修善，如理修學。（共下士道）

【講】欲取心要之意樂，心要者，在道中指成佛，欲修佛法，先明善、惡、因、果，有信心，方能如理止惡修善。

了知生死皆是苦性，發生猛利欲解脫心，發起欲求解脫心已，於三學道如理修學。（共中士道）

又於一切有情遠離親疏貪瞋，生等捨心，知母、念恩、報恩、慈悲、增上意樂、菩提心寶，如理學習大菩薩行，惟願師長本尊加持。（共上士道）

【講】佛教化眾生，循循善誘，次第引進。第一步，教眾生明黑白業修善止惡離三途苦，但恐眾生脫離三途苦，生人天樂，就此滿足，再一步又教眾生了知三界皆是苦性，人天之樂亦是無常，應求涅槃。然後又勸諸聲聞菩薩不應住涅槃，須發大菩提心，精進修六度四攝等大菩薩行，以期成佛度眾生。（此段生起功德）

由啓白故，頂上師長本尊身中，流出五色甘露，俱諸光明，灌入自他一切有情之身心。無始所集一切罪障，特由意樂加行，如理依止善知識等，於相續中，能障生起菩提道次，一切證得所有罪障、疾病魔礙，悉皆清淨，其身明淨，光明爲體，福壽教證一切功德，皆悉增廣。特以意樂加行，如理依止善知識等，菩提道次一切證德，於自他一切有情之身皆得生起。（此段爲求加持以前諸功德）

【講】一面啓白，一面觀想上師本尊身中流出五色甘露降入自他一切有情之頂門，充滿全身，淨滌無始所集一切罪障，特別於相續中能障生起菩提道次一切證得所有罪障，化為煙水膿血，從各毛孔及下二道流出淨盡，即將毛孔閉住，其身明淨，福壽教證一切功德甘露由足下升起，溢滿週身，仍閉住毛孔，如是上師本尊之加被特以菩提道次一切功德於自他一切有情身心相續之中皆得生起。

第二、正行。廣如樂道、速道所說，圓滿具修道次所緣。今爲科不空虛，於一切道略爲熏修。（樂道及速道二種經論之名）

妙樂根本謂善士，　如理依止生利樂，
不爾即斷善聚本，　如理依師願加持。（一頌）

當知善師即眞佛，斷除分別師過心，
願見一切功德品，及無量恩祈加持。（二頌）
由猛信敬善意樂，行供身命一切財，
特以如教奉行供，專令歡喜願加持。（三頌）
離難內外順緣滿，堪生戒律至雙運，
以後難得故此身，取淨心要祈加持。（四頌）
死沒怨敵決定至，彼復今日亦可來，
故棄現樂修臨終，定利正法願加持。（五頌）
無始所集諸惡業，死後無主生惡趣，
當念領受寒熱等，難忍大苦祈加持。（六頌）
救大怖畏無餘依，無欺三寶勝歸處，
至心歸後當修學，粗細學處願加持。（七頌）
黑白業受苦樂果，故當斷惡勤修善，

特依四力治無始，所集衆惡祈加持。（八頌）

【講】第二正行依善知識法分（三）：一、如理依止法（觀第一頌），二、意樂依止法（觀第二頌），三、加行依止法（觀第三頌）。

依善知識以後如何修法次第分（二）：一、於暇滿行勸取心要（觀第四頌），二、心要如何取法分（三）：甲、共下士道修法分（四）：一、思惟無常（觀第五頌），二、思惟惡趣苦（觀第六頌），三、皈依三寶（第七頌），四、於業果生決定信心（第八頌）。

依善知識之法，思惟依善知識之勝利，及不依止之過患，妙樂根本謂善士，善士者即善知識，如理依止生利樂者，有二義：一、於善事善後有利，謂利；二、於善事現有善利，謂樂，利樂必從善法生，而善惡應知分別取捨，必賴善知識指導，無善指導，即盲行，必造惡事，斷善聚本，第一頌如理依止法也。當知善師即真佛者，因師為佛之代表。故凡佛所行，皆善無過，如見師過，乃係自己業障所感出，故須斷除分別師過之心，但願見一切功德品及無量恩，如此祈加持，第二頌意樂依止法也。（觀師同佛，功德雖無分別，但予我之恩有差別，故有法師與根本師之別。）由猛信敬善意樂。行供身命一切財者，外供養、內供養，特以依教奉行供者，依教止惡，修善，善知識攝弟子，為令離苦得樂成大乘，對修法上說，故依教奉行供（即法供養），為最上供養，專令上師歡喜，蓋成悉地由師，全賴師悅樂也。第三頌加行依止法也。上師稱謂，各地不同。印度對上師稱姑魯，西藏稱喇嘛，稱尊重者為漢稱。現稱尊長與上意同，謂上師之德尊。上師之恩重，離難內外順圓滿，離難者即離八無暇之難，內外順緣滿，五內，自圓滿，五外，他圓滿，堪生戒律至雙運者，堪生密宗戒律之人身極難得也。取淨心要者，清淨意樂成佛之心，祈加持生起（四頌）。死沒冤敵決定至者，凡有情決定死，死沒怨敵今日亦可來，北俱盧洲壽量有定數，活一千歲，西牛賀洲五百歲，東勝神洲壽二百五十歲，惟南瞻部洲壽無定數，自出生以至百歲，死緣甚多，有下生即死亡者，俗語：「朝不保夕。」故不得等待，應棄現樂修臨終，決定利益之正法，現樂者指現前五欲之樂，定利正法者即於我決定有利之法。（眷屬財寶攜不去，唯有佛法得加持。）第五頌定利正法願加持。

死後無主生惡趣者，即死後自不能主，被業果作主。三惡趣，即地獄、餓鬼、畜生。地獄有八寒八熱苦、餓鬼腹大如山咽喉如針，欲食而口吐火燄，其苦可知。畜生，但看現世畜生，受宰割鞭打之苦，此等難忍大苦祈加持脫離（六頌）。救大怖畏無餘依者，即無有別人可依，只有皈依真實不虛三寶，具離惡趣及生怖畏二心，求皈依乃是真實皈依，皈依後當勤修學，粗細學處願加持（七頌）。斷惡修善特依四力：一、依止力，二、對治力，三、破壞力，四、還淨力（見前）（八頌）。

勵力勤修善趣因，　雖能一得善趣位，

然亦未越自性苦，　當厭生死願加持。（九頌）
無主逼迫三有者，　謂惑及業然諸業，
依惑乃生於惑怨，　勤修對治祈加持。（十頌）
若離惑業於生死，　結生相續大繫縛，
當生欲受無漏樂，　猛解脫心願加持。（十一頌）
爲脫三有修三學，　尤於德依出家戒，
願一切生勤護持，　猶如眼目勤加持。（十二頌）

乙共中士道修法分四：
乙一、思惟苦諦（生死過患）（觀九頌）
乙二、思惟集諦（流轉生死次第）（觀十頌）
乙三、思惟滅道（生起希求解脫心）（觀十一頌）
乙四、思惟道諦（戒定慧三學修法）（觀十二頌）

【講】善趣因者，修五戒十善，未越自性苦者，謂下自三途，上至非非想天，不出三界自性苦，三界苦如火坑，對苦諦生死當厭離，出離心之量如何，應對一切作牢獄想，無主逼迫三有者，謂不能自主或自在，惑者煩惱，業為生死因，因有煩惱而後造業。故先須斷煩惱，依惑乃生於惑怨者，因依惑如怨家，使我墮三惡趣故，勤修對治者常起正知正念片時亦不放逸，結生相續大繫縛者，即受生輪迴，母縛甫脫子縛又生，尤於德依出家戒者，謂功德所依出生之出家人所受之戒，護戒猶如護目。

勤修雖能得解脫，　尚未能滿自利樂，
故當趣勝大乘道，　雙滿二利願加持。（十三頌）

現雖分別親怨中，　然諸親怨實無定，
故莫分黨趣貪瞋，　悉住等捨祈加持。（十四頌）

無始漂流生死中，　故受胎生亦無始，

當知有情皆是母，生知母心願加持。（十五頌）

凡爲母時如現母，最極愛惜善養護，
一切皆養恩難保，生念恩心祈加持。（十六頌）

如是俱念及正知，故意捨棄罪更惡，
報恩故當令離苦，安立勝樂願加持。（十七頌）

有恩諸母乏安樂，施與身命財善樂，
願諸有情皆具足，圓滿安樂祈加持。（十八頌）

慈母衆生遭苦逼，所受一切苦因果，
我當盡取願彼等，悉離憂苦願加持。（十九頌）

我當定令諸衆生，成就圓滿無漏樂，
永斷一切極重苦，速能如是祈加持。（二十頌）

任運能滿自他利，除正等覺更無餘，
爲利一切有情故，速證佛位願加持。（二十一頌）

自他均不忻痛苦，同求安樂願了知，
如是求樂他亦然，自他平等祈加持。（二十二頌）
愛著自樂爲苦因，愛他是諸圓滿本，
劣勝差別由彼分，故自他換願加持。（二十三頌）
將自善樂諸因果，與他感苦諸因果，
以乘風息取捨教，修菩提心祈加持。（二十四頌）

【講】自十三頌起為上士道修法。丙、上士道修法分㈡：一、須入大乘之理趣，二、發菩提心之規則，分三：（觀後面所列表。）

勤修雖能得解脫尚未能滿自利樂者，若但修解脫自證涅槃而止，則落於小乘，其樂不究竟，故當趣勝大乘道，滿自利利他之願祈加持（觀十三頌）。

現雖分別親怨中云云者，令於一切有情修等捨，冤親平等觀，昔有烏博尊者，已證阿羅漢有天眼通，一時見有迎新娘者，尊者大笑，或問之故，曰：「今世新娘即前世同夥冤家，現前婆母，乃前世婢女，地位顛倒，親怨互換矣！」（十四頌）

無始漂流生死中云者，令於一切有情修悅意慈，分三：㈠、生知母心者，無始漂流生死中之一切眾生皆為我過去父母（十五頌）。㈡、念恩者，凡為母時如現母，母之恩德，過去不知，但觀現母之恩愛其子女，願捨生命，護養其子女，可知恩德之偉大（十六頌）。㈢、報恩者，如是具念及正知，既明白了，知眾生為我過現父母，若自證聲聞等果，捨棄父母不令父母離三界苦，得涅槃樂者，罪更惡，應恒常對父母說佛法，勸其止惡修善，令其離苦，安立勝樂（十七頌）。

有恩諸母乏安樂：：：云云者，正生彼菩提心分三：㈠、修慈心（與樂），施與身命財善樂（十八頌）。㈡、修悲心（拔苦），慈母眾生所受一切之苦因果，我當盡取，我一人代受，願彼等悉離憂苦（十九頌）。㈢、增上意樂（作離苦得樂之事）。成就眾生圓滿無漏樂（二十頌），任運能滿自他利云云者（利他心之修法），修菩提心，除為度眾生而成佛希求菩提心之修法，更無餘道（二十一頌）。

自他均不忻痛苦云云者（自他平等之修法），自了知求安樂亦令他安樂（二十二頌）。愛著自樂為苦因云云者（自他互換之修法），如求不得苦，捨不得現樂，流轉生死為苦因，愛自即凡夫（即劣）愛他可成佛，（即勝）劣勝差別在此，互換者將愛己之心換轉愛他（二十三頌）。

將自善樂諸因果云者（以乘風息取捨法），自將惡心消滅，轉無記，再轉善心，將自善樂因果功德，化成白光乘風息捨出，加諸眾生，眾生罪障所感諸苦因果，狀如黑光，乘風息取入我身（二十四頌）。

爲令發心增不退，　憶念勝利六次發，
斷四黑法策勤修，　四種白法願加持。（二十五頌）

如是利他所立誓，爲令立誓速圓滿，
受行心戒當勤學，諸廣大行祈加持。（二十六頌）
如諸衆生各所欲，身財三世諸善根，
變化修施令增長，廣大施心願加持。（二十七頌）
別解脫等止惡戒，雖至命難不犯毀，
羞作微細性遮罪，常不放逸祈加持。（二十八頌）
人及非人大種害，無邊憂苦之所逼，
觀爲業果無忿怨，安然忍受願加持。（二十九頌）
爲利他故修菩提，無量難行經劫海，
願披無怯無疲勞，大精進甲祈加持。（三十頌）
穩固念知遮沉等，專注一緣引輕安，
身心於諸善境界，如願而住願加持。（三十一頌）
善見諸法眞實性，以妙觀慧思擇力，

引發輕安所攝持，生甚深觀祈加持。（三十二頌）

由施攝受諸有情，以法愛語令善行，

自亦與彼同事修，四攝利他願加持。（三十三頌）

如是共道修身心，成法器後從善師，

受四灌頂入大密，無上大乘祈加持。（三十四頌）

爾時所受諸戒律，若護易得諸成就，

不護定墮地獄燒，愛護如命願加持。（三十五頌）

淨凡死有中有生，能於道果二位中，

速辦法報化三身，生初次第願加持。（三十六頌）

業風悉入心無壞，現證幻身及光明，

并雙運道第二次，圓滿諸行願加持。（三十七頌）

如虹澄淨金剛身，離障俱生空樂意，

合和雙運金剛持，願速證得祈加持。（三十八頌）

【講】為令發心增不退，憶念勝利六次發者，此受行菩提心，每日晝三夜三修六次。

斷四黑法者：一、諸師尊前作欺誑，二、他人作善令悔疑，三、瞋恨罵辱於菩薩，四、心不正直作諂誑。

修四白法者：一、於諸有情不諂誑，二、於諸有情正直心，三、於諸有情如來想，四、令諸有情圓菩提。如此斷黑修白願加持（二十五頌），如是利他所立誓云云（二十六頌），此受已修學法分二：一、為成熟自相續修六度法，分六：一、修布施，如諸眾生各所欲者，凡有希求所欲身或財來，現在前皆令滿願，如此並不能因布施令眾生無一貧匱，其真意為薰習自己生起慈心，成就布施波羅密，身財三世諸善根者，不但財施，法施尤為要緊，以三世善根施他，變化修施令增長者，即觀想發光降甘露施眾生（二十七頌）。

二、修持戒，別解脫等止惡戒者，即別別解脫，修一善法，解脫一惡法之謂。等，指菩薩戒、密宗戒，雖至命難不犯毀。

昔有二比丘同遠行去見佛，途中苦渴，遇一水池，水面浮有無數小虫，飲水傷虫則犯戒，不飲則渴死，甲比丘寧可渴死，不可犯戒，乙比丘想，不飲則渴死，而不能見到佛，為願見佛，即飲其水，彼行達到佛地，面佛，禮佛畢。佛故問曰：「聞汝有二人來，今何只汝一人來，彼安在！」乙比丘答云：「彼已渴死道中。」佛復嘆曰：「汝雖見我，但已犯戒，造大罪業，面見我又何所謂哉？彼雖渴死，因持戒故，彼已立升天上，證果矣！」乙比丘大慚愧。羞作微細性遮罪者，所謂性罪，即根本罪，佛無遮，世俗亦制止，遮罪但佛有遮，世不禁。又性遮俱有，既為佛所遮，世俗亦禁（二十八頌）。

三、修忍辱，人及非人大種害，大種者謂四大，地、水、火、風之害，視逆境來作為三寶之加持，違緣心更固，比如受人打罵謗辱等損惱，想此可消除我之罪過，毫無忿怨安然忍受（二十九頌）。

四、精進，為利他故修菩提，云云者，精進波羅密，為度一眾生故，雖墮地獄受無間苦，無怯無畏，如披無怯無疲勞之大精進甲（三十頌）。

五、修靜慮，穩固念知者即正念正知，遮沉等者，即遮五欲蓋，專注一緣引輕安者，習定觀相，初觀對面佛像為一尺高，極莊嚴相好之釋迦佛（任觀何尊皆可）專注一緣，依佛像修觀，先觀上部或專注眉際白毫。引輕安者，引出身心輕安，不生粗重阻礙。

昏沈者，昏係迷糊，起掉，病易除，沈係對境不明，常或誤不明為得定，故須力除。身心於諸善境界者，觀佛相，所緣事境能如意而止（三十一頌）。

六、慧度，善見諸法真實性者，了知諸法真實無我無自性，生甚深觀得智資糧（三十二頌）。

以上六度為成自利。

二、為成熟他相續修四攝法，由施攝受諸有情者：一、布施攝，以法愛語令善行者，二、愛語攝，自亦與彼同事修者，三、同事攝，四攝利他願加持，四、利行攝，以上四攝為成他利（三十三頌）。

別修金剛乘法分四：一、修成深器道器二法，如是共道修身心至無上大乘祈加持者，令身心清淨成堪修密法之器，後從善師者擇師宜慎，密教阿闍黎若不如法，其罪甚大，師徒先須互相觀察三年，既依止矣，永毋違背。

二、修淨三昧耶律儀法，爾時所受諸戒律至愛護如命願加持，諸戒律者，菩薩戒，分（三）：一、律儀戒，二、攝善法戒，三、饒益有情戒。密宗戒律約分二：一、普通戒律，二、特別戒律，三、二次第之修法分（二）：一、生起次第之修法，淨凡死有中有生，至生初次第願加持已受生為生有，已死為死有，生前死後為中有，能於道果二位中速辦法、報、化三身，脫離三有身證三果身，二、圓滿次第之修法，業風悉入心無壞，至願滿諸行願加持，四發願證果，如虹澄淨金剛身，至願速證得祈加持。以上每誦一頌，至願加持句，觀想師長本尊放光降五色甘露灌入自他一切有情全身，淨滌無始以來所積一切罪障，罪障被甘露一沖洗刷，如炭水膿血，從各毛孔及二根門流出，如是三門清淨，而後功德甘露由足下起漸漸上升，溢滿三門，福壽教證之一切功德具足。尤其於所祈願，具修菩提道次第圓滿諸行功德，皆能生起，想降甘露，徐徐而誦，忙則捨置，如是正行隨其廣略善修習已，至修完時，逆從雙運，至淨住室，當觀能否如先發心（即能否如文中所說而修），若能爾者，當發歡喜，更願以後仍如是修，若未能者，當自責罰，誓後不爾，啓白師長三寶等最為切要，說此是修獅子遊戲三摩地法，能令善行極為增長。

逆從雙運者，福智雙運，逆修，從後回前倒修，順修，由前往後修，順逆來回修，成就堅固，此是修獅子遊戲三摩地法，言堅固而穩當也。

菩提道次第修法立表如左

菩提道次第前導六加行分二
- 一、正修時如何修法分三
  - 一、加行
  - 二、正行
  - 三、結行
- 二、未修中間如何修法

二、正行依善知識法分三
- 一、如理依止法
- 二、意樂依止法
- 三、加行依止法

依善知識以後如何修法次第分二
- 一、於暇滿行勸取心要
- 二、心要如何取法分三
  - 甲、共下士道修法(分四)
  - 乙、共中士道修法(分四)
  - 丙、上士道修法(分二)

甲、共下士道修法分四
- 乙一、思維無常
- 乙二、思維惡趣苦
- 乙三、皈依三寶
- 乙四、於業果生決定信心

乙、共中士道修法分四
- 丙一、思維苦諦
- 丙二、思維集諦
- 丙三、生起希求解脫心、滅諦
- 丙四、三學修法、道諦

丙、上士道修法分二
- 丁一、須入大乘之理趣
- 丁二、發菩提心之規則分三
  - 戊一、菩提心之修法分二
  - 戊二、受願菩提心之儀軌
  - 戊三、菩薩行之修法分二

戊一、菩提心修法分二
- 己一、由因果七教授門修法分二
  - 庚一、利他心之修法分二
  - 庚二、希求菩提心之修法
- 己二、由自他互換門法分三
  - 庚一、自他平等之修法
  - 庚二、自他互換之修法
  - 庚三、修取捨法

- 庚一、利他心之修法分二
  - 辛一、成立發心之基礎分二
    - 壬一、於一切有情修等攝
    - 壬二、於一切有情修悅意慈分三
      - 癸一、知母
      - 癸二、念恩
      - 癸三、報恩
  - 辛二、正生彼菩提心分三
    - 壬一、修慈心
    - 壬二、修悲心
    - 壬三、修增上意樂

- 戊三、菩薩行之修法分二
  - 己一、總修大乘法分二
    - 庚一、受行菩提心法
    - 庚二、受已修學法分二
  - 己二、別修金剛乘法分四

- 庚二、受已修學法分二
  - 辛一、成熟自相續之六度修法分六
    - 壬一、布施修法
    - 壬二、淨戒修法
    - 壬三、安忍修法
    - 壬四、精進修法
    - 壬五、靜慮修法
    - 壬六、慧度修法
  - 辛二、成熟他相續修四攝法
    - 壬一、布施
    - 壬二、利行
    - 壬三、愛語
    - 壬四、同事

- 己二、別修金剛乘法分四
  - 庚一、修成深器道器之法
  - 庚二、淨三昧耶律儀法
  - 庚三、二次第之修法分二
    - 辛一、生起次第之修法
    - 辛二、圓滿次第之修法
  - 庚四、發願證果

第三結行

信解頂上師長本尊，爲一切歸處之共體。多返白云：

頂禮供養皈依，總攝三世歸處爲體，有恩本師，善慧能仁大金剛持。（至少誦三次）

次觀想云：

能仁歡喜化二身，入自自身成能仁，
心月輪上白阿字，黃吽莊嚴咒圍繞，
放光淨諸情器世，成清淨刹及能仁，
當緣自他一切身，心間種子誦諸咒。

先誦師長名號咒，次誦：師長咒即自己上師之咒，最好誦一百零八遍。

嗡阿．姑茹．班雜．答惹．蘇嘛底．歌爾底．悉地吽吽。（宗喀巴咒誦二十一遍）

嗡牟尼．牟尼．磨訶牟那耶．娑哈。（釋迦牟尼佛咒至少二十一遍）

嗡阿班雜．答惹吽吽。（金剛持咒誦七遍或二十一遍）

【講】宗喀巴咒咒義：姑魯云上師，班雜云金剛，答惹云持，蘇嘛底此云善慧，歌爾底此云名稱，悉地云成就，於此已信解頂上師長為一切歸處之共體虔誠返白，頂禮供養皈依：：：大金剛持，誦三次後，觀頂上能仁歡喜，一身化為二身，化出一身，入自頂門，自身剎那轉成能仁身，心間生起月輪，月輪上有一白阿字。又一黃吽字在阿字前，周圍生起咒字，第一本師咒，次上師宗喀巴咒。再釋迦佛咒，後金剛持咒，咒輪自內心右旋，依次第數匝圍繞（咒字立體形），種子咒字放光，照觸周圍環繞之父母冤親及六道、眾生，淨除彼等一切罪障，彼等亦皆剎那轉成能仁身，心間皆具足咒輪，同時放光徧照十方世界所有有情，及器土，一切器世皆成清淨剎，一切有情皆成能仁，如是緣自他一切身心間種子誦諸咒。

以上諸咒隨力多誦。後發願云：

願我承斯善，速成師長佛，
不餘一眾生，盡立師佛地。
久修彼道（菩提道）所積集，二種資糧（福智二資糧）如虛空，
願我成佛度一切，癡盲（無慧目）慧目諸眾生。
未至彼位（佛位）一切生，願妙音尊哀攝受，
圓滿教（正法）第最勝道，得已（次第）修習令佛喜，（此如宗喀巴大師之願）
如自所證道宗要，大悲引動善方便，

除滅衆生意中闇，　長久住持如來教。
正法勝寶所未徧，　雖徧已滅諸方所，
願以大悲動我意，　光顯利益安樂藏(佛法)。
諸佛菩薩微妙業，　善成菩提道次第，
賜與諸求解脫者，　令佛事業久增長。
爲助善道諸順緣，　及除逆緣人非人，
願一切生不捨離，　諸佛所讚清淨道(菩提道)。
若時我於最勝乘，　如理勤修十法行，
願具力者恒護助，　吉祥大海徧十方。(具力者即大護法)

【講】由前所生一切善根，當以猛利欲樂，從普賢行願等門，迴向究竟諸希願處，後誦云：

從自心間吽字放光，照觸一切有情器界，器化爲光，入諸有情，有情化光，融入自身，自亦化光入心月輪（上下兩頭漸向中化），月入咒鬘，咒鬘入阿，阿字入吽，吽足入哈，哈入哈頭，頭入半月，月入空點，點入那達，那達亦不可得，皆成空性。

略爲安住，

又從空中刹那自成一面二臂吉祥金剛怖身，頂上嗡，喉間阿，心中吽。

【講】亦可觀想其餘本尊，或觀想成師長能仁金剛持身，於不修時作諸事業。

第二未修中間所作事者，謂多觀閱開示菩提道次第加行六法之經論，具念正知

防護根門（六處六根門），飲食知量，精進修習覺悟瑜伽，於沐浴飲食等瑜伽，皆當勤學。ཨོཾ嗡 ཨཱཿ阿 ཧཱུྃ吽

菩提道次第修法筆記 卷下（終）

國家圖書館出版品預行編目資料

菩提道次第修法筆記/增廣大師造;法尊法師譯;
觀空法師講.--臺北市：方廣文化, 2006(民95)
面； 公分
ISBN 978-986-7078-07-0(精裝)
1. 藏傳佛教-修持
226.966 95007848

菩提道次第修法筆記

作　　者：西藏增廣大師 造　法尊法師 中譯
觀空法師 講述
出　　版：方廣文化事業有限公司
住　　址：台北市大安區和平東路一段177-2號11樓
電　　話：886-2-2392-0003
傳　　真：886-2-2391-9603
網　　址：http://www.fangoan.com.tw
電子信箱：fangoan@ms37.hinet.net
印製規劃：鎏坊設計工作室
出版日期：西元2014年05月 2版1刷
定　　價：新台幣260元(精裝)
劃撥帳號：17623463　方廣文化事業有限公司
經 銷 商：飛鴻國際行銷有限公司
電　　話：886-2- 8218-6688
傳　　真：886-2- 8218-6458
行政院新聞局出版登記證：局版臺業字第六〇九〇號
ISBN：978-986-7078-07-0
No：M010
Printed in Taiwan

方廣文化出版品目錄〈一〉

夢參老和尚系列

書籍類

● 華嚴

H203 淨行品講述
H224 梵行品新講
H205 華嚴經普賢行願品講述
H206 華嚴經疏論導讀
H208 淺說華嚴大意
HP01 大乘起信論淺述
H209 世主妙嚴品(三冊)《八十華嚴講述》
H210 如來現相品・普賢三昧品《八十華嚴講述》

● 般若

B401 般若心經
B406 金剛經
B409 淺說金剛經大意

● 楞嚴

LY01 淺說五十種禪定陰魔 —《楞嚴經》五十陰魔章

● 天台

T305 妙法蓮華經導讀

● 開示錄

S902 修 行
Q905 向佛陀學習【增訂版】

方廣文化出版品目錄〈二〉

夢參老和尚系列
書籍類

● 地藏三經

地藏經
D506 地藏菩薩本願經講述 (全套三冊)
D516 淺說地藏經大意

占察經
D509 占察善惡業報經講記 (隨書附贈HIPS材質占察輪及修行手冊)

大乘大集地藏十輪經 D507 (全套六冊)
D507-1 地藏菩薩的止觀法門 (序品 第一冊)
D507-2 地藏菩薩的觀呼吸法門 (十輪品 第二冊)
D507-3 地藏菩薩的戒律法門 (無依行品 第三冊)
D507-4 地藏菩薩的解脫法門 (有依行品 第四冊)
D507-5 地藏菩薩的懺悔法門 (懺悔品 善業道品 第五冊)
D507-6 地藏菩薩的念佛法門 (福田相品 獲益囑累品 第六冊)

DVD
D-1A 世主妙嚴品《八十華嚴講述》(60講次30片珍藏版)
D-501 大乘大集地藏十輪經 (上下集共73講次37片)
D-101 大方廣佛華嚴經《八十華嚴講述》
(繁體中文字幕 全套482講次 DVD 光碟452片)

CD
P-05 金剛般若波羅蜜經 (16片精緻套裝)

錄音帶
P-02 地藏菩薩本願經 (19卷)

方廣文化出版品目錄〈三〉

地藏系列	D503 地藏三經 (地藏菩薩本願經、大乘大集地藏十輪經、占察善惡業報經)
華嚴系列	H201 華嚴十地經論 H202 十住毘婆沙論 H207 大方廣佛華嚴經 (八十華嚴) (全套八冊)
般若系列	B402 小品般若經 B403A 大乘理趣六波羅蜜多經 B404A 能斷金剛經了義疏 (附心經頌釋) B408 摩訶般若波羅蜜經 (中品般若) (全套三冊)
天台系列	T302 摩訶止觀 T303 無量義經 (中摺本) T304 觀普賢菩薩行法經 (中摺本)
部派論典系列	S901A 阿毘達磨法蘊足論 Q704 阿毗達磨俱舍論 (全套二冊) S903 法句經 (古譯本) (中摺本)
瑜伽唯識系列	U801 瑜伽師地論 (全套四冊) U802 大乘阿毗達磨集論 B803 成唯識論 B804A 大乘百法明門論解疏 B805 攝大乘論暨隨錄
憨山大師系列	HA01 楞嚴經通議 (全套二冊)

方廣文化出版品目錄〈四〉

密宗系列

M001 菩提道次第略論釋
M002 勝集密教王五次第論
M003 入中論釋
M004 大乘寶要義論(諸經要集)
M006 菩提道次第略論
M007 寂天菩薩全集
M008 菩提道次第廣論
M010 菩提道次第修法筆記
M011 白度母修法(延壽法門修法講解)
M012 中 陰-死亡時刻的解脫

能海上師系列

N601 般若波羅蜜多教授現證莊嚴論名句頌解
N602 菩提道次第論科頌講記
N345 戒定慧基本三學
N606 能海上師傳
N607 現證莊嚴論清涼記
N608 菩提道次第心論

論頌系列

L101A 四部論頌
(釋量論頌 現證莊嚴論頌 入中論頌 俱舍論頌)
L102 中觀論頌 (中摺本)
L103 入菩薩行論頌 (中摺本)
L104A 彌勒菩薩五部論頌
L105A 龍樹菩薩論頌集
L106A 中觀論頌釋
R001 入中論頌 (小摺本)

方廣文化出版品目錄〈五〉

南傳佛教系列

SE01A　內觀基礎
SE03A　阿羅漢的足跡
SE04A　緬甸禪坐
SE05　七種覺悟的因素
SE07　三十七道品導引手冊《阿羅漢的足跡增訂版》

其他系列

Q701　單老居士文集
Q702　肇論講義
Q703A　影　塵-倓虛老法師回憶錄
Q705　佛學小辭典 (隨身版)
ZA01　參　禪《虛雲老和尚禪七開示》

廣
方廣文化事業有限公司
http://www.fangoan.com.tw